O eterno
entra na História
A terra de Israel no tempo de Jesus

COLEÇÃO BÍBLIA EM COMUNIDADE

PRIMEIRA SÉRIE – VISÃO GLOBAL DA BÍBLIA

1. Bíblia, comunicação entre Deus e o povo – Informações gerais
2. Terras bíblicas: encontro de Deus com a humanidade – Terra do povo da Bíblia
3. O povo da Bíblia narra suas origens – Formação do povo
4. As famílias se organizam em busca da sobrevivência – Período tribal
5. O alto preço da prosperidade – Monarquia unida em Israel
6. Em busca de vida, o povo muda a história – Reino de Israel
7. Entre a fé e a fraqueza – Reino de Judá
8. Deus também estava lá – Exílio na Babilônia
9. A comunidade renasce ao redor da Palavra – Período persa
10. Fé bíblica: uma chama brilha no vendaval – Período greco-helenista
11. Sabedoria na resistência – Período romano
12. O eterno entra na história – A terra de Israel no tempo de Jesus
13. A fé nasce e é vivida em comunidade – Comunidades cristãs na terra de Israel
14. Em Jesus, Deus comunica-se com o povo – Comunidades cristãs na diáspora
15. Caminhamos na história de Deus – Comunidades cristãs e sua organização

SEGUNDA SÉRIE – TEOLOGIAS BÍBLICAS

1. Deus ouve o clamor do povo (Teologia do êxodo)
2. Vós sereis o meu povo e eu serei o vosso Deus (Teologia da aliança)
3. Iniciativa de Deus e corresponsabilidade humana (Teologia da graça)
4. O Senhor está neste lugar e eu não sabia (Teologia da presença)
5. Profetas e profetisas na Bíblia (Teologia profética)
6. O Sentido oblativo da vida (Teologia sacerdotal)
7. Faça de sua casa um lugar de encontro de sábios (Teologia sapiencial)
8. Grava-me como selo sobre teu coração (Teologia bíblica feminista)
9. Teologia rabínica (em preparação)
10. Paulo, apóstolo de Jesus Cristo pela vontade de Deus (Teologia paulina)
11. Compaixão, cruz e esperança (Teologia de Marcos
12. Lucas e Atos: uma teologia da história (Teologia lucana)
13. Ide e fazei discípulos meus todos os povos (Teologia de Mateus)
14. Teologia joanina (em preparação)
15. Eis que faço novas todas as coisas (Teologia apocalíptica)
16. As origens apócrifas do cristianismo (Teologia apócrifa)
17. Teologia da Comunicação (em preparação)
18. Minha alma tem sede de Deus (Teologia da espiritualidade bíblica)

TERCEIRA SÉRIE – BÍBLIA COMO LITERATURA

1. Bíblia e Linguagem: contribuições dos estudos literários (em preparação)
2. Introdução às formas literárias no Primeiro Testamento (em preparação)
3. Introdução ao estudo das formas literárias no Segundo Testamento
4. Introdução ao estudo das Leis na Bíblia
5. Introdução à análise poética de textos bíblicos
6. Introdução à Exegese patrística na Bíblia (em preparação)
7. Método histórico-crítico (em preparação)
8. Análise narrativa da Bíblia
9. Método retórico e outras abordagens (em preparação)

QUARTA SÉRIE – RECURSOS PEDAGÓGICOS

1. O estudo da Bíblia em dinâmicas – Aprofundamento da Visão Global da Bíblia
2. Aprofundamento das teologias bíblicas (em preparação)
3. Aprofundamento da Bíblia como Literatura (em preparação)
4. Pedagogia bíblica
   4.1. Primeira infância: E Deus viu que tudo era bom
   4.2. Segundo Infância (em preparação)
   4.3. Pré-adolescência (em preparação)
   4.4. Adolescência (em preparação)
   4.5. Juventude (em preparação)
5. Modelo de ajuda (em preparação)
6. Mapas e temas bíblicos (em preparação)
7. Metodologia de estudo e pesquisa (em preparação)

Serviço de Animação Bíblica - SAB

O eterno entra na História

A terra de Israel no tempo de Jesus

Paulinas

Dados Internacionais de Catalogação na Publicação (CIP)
(Câmara Brasileira do Livro, SP, Brasil)

O Eterno entra na história : a terra de Israel no tempo de Jesus / elaboração do texto Romi
Auth, Equipe do SAB ; ilustrações Roberto Melo. – 6. ed. – São Paulo : Paulinas, 2011.
– (Coleção Bíblia em comunidade. Série visão global ; v. 12)

ISBN 978-85-356-2961-3

1. Bíblia - Estudo e ensino - Metodologia 2. Bíblia - História de acontecimentos
contemporâneos 3. Jesus Cristo - Historicidade 4. Judeus - História - Até 70 I. Auth, Romi. II.
Serviço de Animação Bíblica - SAB. III. Melo, Roberto. IV. Título. V. Série.

11-12580
CDD-220.95

Índice para catálogo sistemático:
1. História na Bíblia   220.95

6ª edição – 2011
4ª reimpressão – 2019

Elaboração do texto: *Romi Auth, fsp, e Equipe do SAB*
Assessores bíblicos: *Jacil Rodrigues de Brito, José Raimundo Oliva,*
Paulo Sérgio Soares, Valmor da Silva
Cartografia: *Prof. Dr. José Flávio Morais Castro, do*
Departamento de Planejamento Territorial
e Geoprocessamento do IGCE – UNESP
Metodologia: *Maria Inês Carniato*
Ilustrações: *Roberto Melo*
Citações bíblicas: *Bíblia de Jerusalém, São Paulo, Paulus, 1985*

Gratidão especial às pessoas que colaboraram, com suas experiências,
sugestões e críticas, para a elaboração e apresentação final do projeto "Bíblia em comunidade"
na forma de livro e transparências para retroprojetor.

Nenhuma parte desta obra poderá ser reproduzida ou transmitida por qualquer forma
e/ou quaisquer meios (eletrônico ou mecânico, incluindo fotocópia e gravação) ou arquivada
em qualquer sistema ou banco de dados sem permissão escrita da Editora. Direitos reservados.

SAB – Serviço de Animação Bíblica
Av. Afonso Pena, 2142 – Bairro Funcionários
30130-007 – Belo Horizonte – MG
Tel.: (31) 3269-3737 / Fax: (31) 3269-3729
E-mail: sab@paulinas.com.br

Paulinas
Rua Dona Inácia Uchoa, 62
04110-020 – São Paulo – SP (Brasil)
Tel.: (11) 2125-3500
http://www.paulinas.com.br – editora@paulinas.com.br
Telemarketing e SAC: 0800-7010081

© Pia Sociedade Filhas de São Paulo – São Paulo, 2002

Apresentação

Os volumes da coleção "Bíblia em comunidade" têm o objetivo de acompanhar os que desejam entrar em comunicação e comunhão com Deus por meio da Bíblia, trazendo-a para o centro de sua vida e da comunidade.

Muitas pessoas — e talvez você — têm a Bíblia e a colocam num lugar de destaque em sua casa; outras fazem dela o livro de cabeceira; outras, ainda, a leem engajadas na caminhada de fé de sua Igreja, seguindo sua orientação. Muitas, ao lê-la, sentem dificuldade de entendê-la e a consideram misteriosa, complicada, difícil. Algumas das passagens bíblicas até provocam medo. Por isso, a leitura, o estudo, a reflexão, a partilha e a oração ajudam a despertar maior interesse nas pessoas; na leitura diária elas descobrem a Palavra como força que as leva a ver a realidade com olhos novos e a transformá-la. O conhecimento, a libertação, o amor, a oração e a vida nova que percebem ao longo da caminhada são realizações de Deus com sua presença e ação.

Esta coleção oferece um estudo progressivo em quatro séries. A primeira, "Visão global", traz as grandes etapas da história do povo da Bíblia: a terra, a região, a cultura, os personagens, as narrativas que o povo escreveu para mostrar a relação de amor que se estabeleceu entre ele e Deus. À medida que vamos conhecendo a origem e a história do povo, percebemos que a Bíblia retrata a experiência de pessoas como nós, que descobriram a presença de Deus no cotidiano de sua vida e no da comunidade, e assim deram novo sentido aos acontecimentos e à história.

"Teologias bíblicas" são o assunto da segunda série, que estuda aquilo que o povo da Bíblia considerou essencial em sua comunicação com Deus. As grandes experiências de fé foram sempre contadas, revividas e celebradas nos momentos mais importantes da história e ao longo das gerações. O povo foi entendendo progressivamente quem era Deus na multiplicidade de suas manifestações, especialmente nas situações difíceis de sua história.

O título da terceira série é "Bíblia como Literatura". Nela são retomados os textos bíblicos de épocas, lugares, contextos sociais, culturais e religiosos diferentes. Vamos estudar, por meio dos diversos gêneros literários, a mensagem, a interpretação e o sentido que eles tiveram para o povo da Bíblia e que nós podemos descobrir hoje. Cada um deles expressa, de forma literária e orante, a experiência de fé que o povo fez em determinadas situações concretas. Os tempos de hoje têm muitas semelhanças com os tempos bíblicos. Embora não possamos transpor as situações do presente para as da época bíblica, pois os tempos são outros, o conhecimento da situação em que os escritos nasceram ajuda-nos a reler a nossa realidade atual com os mesmos olhos de fé.

Por fim, a quarta série, "Recursos pedagógicos", traz ferramentas metodológicas importantes para auxiliar no estudo e aprofundamento do conteúdo que é oferecido nas três séries: "Visão global da Bíblia", "Teologias bíblicas" e "Bíblia como literatura". Esta série ajuda, igualmente, na aplicação de uma Metodologia de Estudo e Pesquisa da Bíblia; na Pedagogia Bíblica usada para trabalhar a Bíblia com crianças, pré-adolescentes, adolescentes e jovens; na relação de ajuda para desenvolver as habilidades de multiplicador e multiplicadora da Palavra, no meio onde vive e atua.

A coleção "Bíblia em comunidade" quer acompanhar você na aventura de abrir, ler e conhecer a Bíblia e, por meio dela, encontrar-se com o Deus Vivo. Ele continua, hoje, sua comunicação em nossa história e com cada um(a) de nós. Mas, para conhecê-lo profundamente, é preciso deixar que a luz que nasce da Bíblia ilumine o contexto de nossa vida e de nossa comunidade.

Este e os demais subsídios da coleção "Bíblia em comunidade" foram pensados e preparados para pessoas e grupos interessados em fazer a experiência da revelação de Deus na história e em acompanhar outras pessoas nessa caminhada. O importante neste estudo é percebermos a vida que se reflete nos textos bíblicos, os quais foram vida para os nossos antepassados e podem ser vida para nós. Sendo assim, as ciências, a pesquisa, a reflexão sobre a história e os fatos podem nos ajudar a não cair numa leitura fundamentalista, libertando-nos de todos os "ismos" — fundamentalismos, fanatismos, literalismos, proselitismos, exclusivismos, egoísmos... — e colocando-nos numa posição de abertura ao inesgotável tesouro de nossas tradições milenares. A mensagem bíblica é vida, e nossa intenção primeira é evidenciar e ajudar a tornar possível essa vida.

Vamos fazer juntos esta caminhada!

Equipe do SAB

Metodologia

Para facilitar a compreensão e a assimilação da mensagem, a coleção "Bíblia em comunidade" segue uma metodologia integral, que descrevemos a seguir.

Motivação

"Tira as sandálias", diz Deus a Moisés, quando o chama para conversar (Ex 3,5). Aproximar-se da Bíblia de pés descalços, como as crianças gostam de andar, é entrar nela e senti-la com todo o ser, permitindo que Deus envolva nossa capacidade de compreender, sentir, amar e agir.

Para entrar em contato com o Deus da Bíblia, é indispensável "tornar-se" criança. É preciso "tirar as sandálias", despojar-se do supérfluo e sentir-se totalmente pessoa, chamada por Deus pelo nome, para se aproximar dele, reconhecê-lo como nosso *Go'el*, nosso Resgatador, e ouvi-lo falar em linguagem humana. A comunicação humana é anterior aos idiomas e às culturas. Para se comunicar, todo ser humano utiliza, ainda que inconscientemente, a linguagem simbólica que traz dentro de si, a qual independe de idade, cultura, condição social, gênero ou interesse. É a linguagem chamada primordial, isto é, primeira: a imagem, a cor, o ritmo, a música, o movimento, o gesto, o afeto, enfim, a experiência.

A escrita, a leitura e a reflexão são como as sandálias e o bastão de Moisés: podem ajudar na caminhada até Deus, mas, quando se ouve a voz dele chamando para conversar, não se leva nada. Vai-se só, isto é, sem preconceitos nem resistências: "como criança", de pés descalços.

Sintonia integral com a Bíblia

O estudo da Bíblia exige uma metodologia integral, que envolva não só a inteligência, mas também o coração, a liberdade e a comunidade.

Com a inteligência, pode-se conhecer a experiência do povo da Bíblia:
- descobrir o conteúdo da Bíblia;
- conhecer o processo de sua formação;
- compreender a teologia e a antropologia que ela revela.

Com o coração, é possível reviver essa experiência:

- entrar na história da Bíblia, relendo a história pessoal e a comunitária à luz de Deus;
- realizar a partilha reverente e afetiva da história;
- deixar que a linguagem humana mais profunda aflore e expresse a vida e a fé.

Com a liberdade, a pessoa pode assumir atitudes novas:

- deixar-se iluminar e transformar pela força da Bíblia;
- viver atitudes libertadoras e transformadoras;
- fazer da própria vida um testemunho da Palavra de Deus.

Com a comunidade, podemos construir o projeto de Deus:

- iluminar as diversas situações da vida;
- compartilhar as lutas e os sonhos do povo;
- comprometer-se com a transformação da realidade.

Pressupostos da metodologia integral

Quanto aos recursos:

- os que são utilizados com crianças são igualmente eficazes com adultos, desde que estes aceitem "tornar-se crianças";
- incentivam o despojamento, a simplicidade e o resgate dos valores esquecidos na vida da maioria dos adultos. As duas expressões elementares da linguagem humana primordial são imagem-cor, movimento-ritmo. Todo recurso metodológico que partir desses elementos encontra sintonia e pode se tornar eficaz.

Quanto à experiência proposta:

A metodologia integral propõe que o conhecimento seja construído não só por meio do contato com o texto escrito, mas também da atualização da experiência. Para isso é indispensável:

- a memória partilhada e reverente da história, do conhecimento e da experiência de cada um dos participantes;
- o despojamento de preconceitos, a superação de barreiras e o engajamento nas atividades alternativas sugeridas, como encenações, danças, cantos, artes.

Recursos metodológicos

Para que a metodologia integral possa ser utilizada, a coleção "Bíblia em comunidade" propõe os seguintes recursos metodológicos:

a) Livros

Os livros da coleção trazem, além do conteúdo para estudo, as sugestões de metodologia de trabalho com os temas em foco. Podem ser utilizados de várias formas: em comunidade ou em grupo, em família ou individualmente.

1. Partilha comunitária

Pode-se reunir um grupo de pessoas, lideradas por alguém que tenha capacitação para monitorar a construção comunitária da experiência, a partir da proposta dos livros.

2. Herança da fé na família

Os livros podem ser utilizados na família. Adultos, jovens, adolescentes e crianças podem fazer a experiência sistemática de partilha da herança da fé, seguindo a metodologia sugerida nas reuniões, como se faz na catequese familiar.

Na modalidade de estudo em comunidade, em grupo ou em família, existem ainda duas opções:

- *Quando todos possuem o livro.* O conteúdo deve ser lido por todos, antes da reunião; nela se faz o mutirão da memória do que foi lido e o(a) líder coordena a síntese; depois se realiza o roteiro previsto nas sugestões metodológicas para o estudo do tema.
- *Quando só o(a) líder tem o livro.* Fica a cargo do(a) líder a prévia leitura e síntese do conteúdo, que será exposto ao grupo. Passa-se a seguir o roteiro previsto nas sugestões metodológicas para o estudo do tema.

3. Estudo pessoal dos livros

Embora a coleção dê ênfase ao estudo da Bíblia em comunidade, os livros podem ser utilizados também por pessoas que prefiram conhecê-la e estudá-la individualmente, seguindo os vários temas tratados.

b) Recursos visuais

Para que se realize a metodologia integral, são indispensáveis mapas, painéis e ilustrações, indicados nos roteiros de estudo dos temas, sempre que necessário. Os recursos seguem alguns critérios práticos:

- os mapas se encontram nos livros, para que as pessoas possam colori-los e visualizá-los;
- esses mapas foram reproduzidos em transparências para retroprojetor;
- outros recursos sugeridos nos roteiros podem ser produzidos segundo a criatividade do grupo.

Roteiro para o estudo dos temas

Os encontros para o estudo dos temas seguem um roteiro básico composto de quatro momentos significativos. Cada momento pode ter variantes, como também a sequência dos momentos e os recursos neles usados nem sempre são os mesmos. Os quatro momentos são:

1. Oração: conforme a criatividade do grupo.

2. Mutirão da memória: para compor a síntese do conteúdo já lido por todos ou para ouvir a exposição feita pelo(a) líder.

3. Partilha afetiva: memória e partilha de experiências pessoais que ilustrem os temas bíblicos que estão sendo trabalhados.

4. Sintonia com a Bíblia: leitura dos textos indicados, diálogo e síntese da experiência de estudar o tema e sua ressonância em nossa realidade. Cabe ao(à) líder mostrar os pontos essenciais do conteúdo. Quanto ao desenvolvimento, pode ser assessorado por equipes: de animação, de espiritualidade, de organização.

Cursos de capacitação de agentes para a pastoral bíblica

O Serviço de Animação Bíblica (SAB) oferece cursos de capacitação de agentes que desejam colaborar na formação bíblica em suas comunidades, paróquias e dioceses. Os cursos oferecem o aprofundamento dos temas a partir da coleção "Bíblia em comunidade" e a realização de atividades que possibilitem uma análise de conteúdos a partir das diversas linguagens de comunicação, como: vídeo, teatro, métodos de leitura bíblica e outros.

Introdução

Este é o décimo segundo volume da série "Visão global", que faz parte da coleção "Bíblia em comunidade". O título "O eterno entra na história" sintetiza seu conteúdo. Trata-se de uma visão ampla e, ao mesmo tempo, detalhada de como vivia o povo da Bíblia na época de Jesus. Pode-se ver que a vida política, cultural, econômica, religiosa e social não tinha grandes diferenças em relação à de outros povos de ontem e de hoje. Ao nascer na terra de Israel, o Filho de Deus entra na história do povo judeu e na de todos os povos.

O livro está organizado em seis blocos temáticos, cada um com um roteiro de reflexão e estudo compartilhado.

O primeiro tema — "O povo anseia pelo Messias" — enfoca a esperança messiânica do povo da Bíblia, que desejava um líder justo, que defendesse o direito dos pobres. Compara essa esperança com um fato real da história do Brasil, o movimento de Antônio Conselheiro, que, inspirado na Bíblia, liderou e organizou uma multidão de pessoas empobrecidas para construir o sonho de uma vida digna e igualitária.

O segundo tema — "A terra de Israel no tempo de Jesus" — traz a realidade econômica do povo de Deus, a produção da terra, o comércio, a comunicação com outros povos, a desigualdade, enfim, as lutas e o sofrimento dos "pequenos" em busca da sobrevivência.

A organização da sociedade judaica, feita por classes, cujas diferenças eram legitimadas pela religião e pela compreensão do puro e do impuro, é apresentada em "Situação político-social no tempo de Jesus", o terceiro tema. Os romanos dominaram a terra de Israel e lhe impuseram rígida tributação, mas respeitaram o culto ao Senhor no Templo e permitiram que o povo continuasse com suas atividades.

O quarto tema — "Instituições religiosas no tempo de Jesus" — mostra o quanto o Templo, os sacrifícios e os rituais religiosos eram fundamentais como elementos de identidade do povo, mas, em contrapartida, serviam de base para a desigualdade e os privilégios daqueles que detinham o poder religioso e social.

"A fé no cotidiano da comunidade", o quinto tema, apresenta a vivência alternativa da fé, que se concentrava nas sinagogas espalhadas por todas as regiões da terra de Israel e também em outros países em que viviam judeus. Na sinagoga, a Torá, a leitura dos profetas, a reflexão compartilhada, a oração, as festas litúrgicas familiares e a educação das crianças possibilitavam uma fé mais viva e concreta e menos ritualista do que no Templo. Muitas das antigas festas judaicas inspiraram as principais datas litúrgicas do calendário cristão.

Por fim, o sexto tema — "A família no tempo de Jesus" — estuda a instituição e os costumes matrimoniais e familiares, centro da vida individual e social do povo, porque ter descendência não era só sinal da bênção de Deus, como, também, dever sagrado de todo israelita.

Mediante a leitura e o estudo deste livro, você poderá compreender muito melhor os relatos dos evangelhos, porque Jesus está completamente envolvido e comprometido com a realidade histórica de seu tempo.

1º tema
O povo anseia pelo Messias

A esperança da chegada do Messias causava grande expectativa no povo judeu. Jesus apareceu como Messias, aceito por muitos e rejeitado pela maioria. Aqueles e aquelas que o aceitaram na pessoa de Jesus, o Cristo, tornaram-se cristãos e o acolheram como filho de Maria nascido em Belém de Judá.

Retomando o caminho feito

Roma começou as primeiras intervenções na Ásia por volta do ano 189/190 a.E.C., quando Antíoco III, rei da Síria, pediu ajuda ao imperador romano. Dessa data em diante, a presença romana na região foi crescente, até chegar ao seu domínio completo no ano 63 a.E.C., com Pompeu. Depois de muitas disputas e mortes entre os pretendentes ao poder do Império, Otaviano, que depois se chamou Augusto, conseguiu se impor. Ele concedeu ao rei Herodes o domínio sobre toda a Judeia, e, com a sua morte no ano 4 a.E.C., o reino foi dividido entre os seus filhos. Arquelau recebeu a Idumeia, a Judeia e a Samaria. Herodes Antipas tornou-se tetrarca da Galileia e da Pereia. Filipe governou a região da Itureia, Gaulanítide e Traconítide.[1]

Cumpriu-se o tempo!

"Quando, porém, chegou a plenitude do tempo, enviou Deus o seu filho, nascido de mulher, nascido sob a Lei" (Gl 4,4). É esta a expressão que Paulo encontrou para falar do Jesus histórico, humano, nascido de uma mulher. Para ele, a vinda de Jesus levou o tempo à sua plenitude. Chegaram os tempos messiânicos. Chegou o tempo auge da manifestação salvífica de Deus no meio da humanidade, por meio de seu Filho Jesus.

O evangelho de Lucas identifica essa mulher como Maria, situando-a no contexto histórico de sua época: "Naqueles dias, apareceu um edito de César Augusto, ordenando o recenseamento de todo o mundo habitado. Esse recenseamento foi o primeiro enquanto Quirino era governador da Síria. [...] Também José subiu da cidade de Nazaré, na Galileia, para a Judeia,

---

[1] Ver informações sobre Herodes e seus filhos no volume "Sabedoria na resistência" (SAB, Visão Global, v. 11, desta coleção).

na cidade de Davi, chamada Belém, por ser da casa e da família de Davi, para se inscrever com Maria, sua mulher, que estava grávida" (Lc 2,1-5). César Augusto era o imperador romano no ano 7 a 6 a.E.C. Sob seu domínio estava a terra de Jesus e quase todo o mundo conhecido da época. Ele dividiu o Império em províncias. De vez em quando, promovia nelas um censo para a cobrança de impostos e a defesa das suas fronteiras.

A cobrança de impostos nem sempre era um procedimento pacífico, principalmente na terra de Israel. Alguns grupos mais radicais, como os sicários e os zelotas, pregavam a revolta armada, enquanto outros, como os herodianos e saduceus, eram a favor dos romanos. Outra preocupação forte do Império relacionava-se com a defesa das fronteiras, sobretudo contra os partos, da Mesopotâmia, grandes inimigos dos romanos. Então, uma das formas de controlar a vida das províncias era por meio do recenseamento.

Fomentavam-se a fundação e o fortalecimento de cidades helenistas autônomas, porque estas ficavam sob a administração direta do Império, sem passar pelo governo das províncias. Nessas cidades pre-dominavam as grandes propriedades particulares de terras. Isso desfavorecia o pequeno agricultor que não tinha condições de comprar o direito de cidadão romano e era obrigado a entregar suas terras e trabalhar como assalariado.

O Império tinha o controle das províncias, mas concedia uma certa autonomia aos judeus. Nas aldeias era-lhes permitido formar o conselho de anciãos para resolver os problemas internos. Nas cidades também havia os conselhos, formados pelos anciãos das famílias ricas e influentes. Já na cidade de Jerusalém havia o Sinédrio, que exerceu grande influência junto às autoridades e à população no tempo de Jesus. Mas o povo não estava contente. Não tinha liberdade, nem quem fizesse justiça e defendesse seus direitos. Neste contexto, cresceu a expectativa de um messias.

A fé messiânica

No tempo das tribos, o povo de Israel, ao pedir um rei, tinha esperança de ter alguém do seu lado, que o defendesse dos inimigos, fizesse justiça e observasse o direito em favor de todos. Deus atendeu ao pedido. Era como se Deus viesse em socorro da "miséria e do clamor do seu povo" (cf. 1Sm 9,16). Mas a experiência não foi tão bem-sucedida.

Apenas alguns reis escaparam de rigorosa crítica em decorrência de suas transgressões, e entre as exceções estava Davi (Eclo 49,4). Da sua descendência Deus suscitará um novo rei. Ele sim virá salvar o povo (Sl 2,2; 21; 72; 100; 145) e o seu reino será sem fim.

A partir do exílio na Babilônia, a fé messiânica enriqueceu-se de novos elementos que pareciam evidenciar a chegada do rei messias: o rei Joaquin (Ez 1,2), que estava encarcerado nessa região, foi libertado e tornou-se motivo de esperança para o povo judeu (Jr 52,31-34). A expectativa cresceu com Zorobabel, mas não se sustentou (Ag 2,20-23; Zc 6,9-14).[2] Ele desapareceu sem conhecermos seu fim. Acreditava-se na época que o rei que estivesse a serviço da salvação do povo só triunfaria, mas, ao contrário, Zorobabel foi provado pelo sofrimento e desapareceu. Muitos viam aí a confirmação da ideia de um messias servo já conhecida no exílio com o Segundo Isaías (Is 53), que viria restaurar a Aliança, o Reino de Deus.[3]

Com o desaparecimento da monarquia, cessou a profecia clássica. Nasceu no povo a esperança de novos profetas (Sl 74,9; 99,6-8), pois ele tinha saudade do tempo em que Deus se revelava por meio deles (Zc 7,7). No tempo de Jesus essa esperança continuava (At 3,22; 7,37; Jo 1,21). Diversos grupos e movimentos esperavam a chegada de um messias, que viesse restaurar a dinastia de Davi. Cada qual o imaginava do seu jeito: zelotas, herodianos, fariseus, essênios, pobres do Senhor, discípulos de João, profetas populares... Muitos deles esperavam uma mudança da opressão e dominação para um tempo melhor no qual houvesse liberdade, justiça e igualdade. Eram os pobres do Senhor que tinham maior sensibilidade aos problemas do povo e acreditavam na força de Deus e na união dos pequenos. Uma pequena parte destes acolheu Jesus como Messias.

Na história de todos os povos em contextos históricos semelhantes ao do povo de Israel, houve quem se apresentasse como "messias" fazendo

---

[2] Cf. na Bíblia de Jerusalém nota a Zc 6,11. Em lugar de Josué originalmente deveria encontrar-se o nome de Zorobabel, pois Zc 6,13 afirma que "ele carregará insígnias reais. Sentará em seu trono e dominará. Haverá um sacerdote à sua direita. Entre os dois haverá uma perfeita paz".

[3] Cf. Jr 23,5; 33,15-17; Ez 34,23-24.

propostas alternativas. No Brasil do final do século XIX, precisamente em 1893, Antônio Conselheiro representou as esperanças dos mais pobres e excluídos do sertão nordestino.

Antônio Conselheiro: terra e vida para os pobres

No Brasil surgiram diversos movimentos de protesto contra a situação de opressão e miséria em que o povo vivia no final século XIX. A fome e a pobreza, consequências dos grandes latifúndios, foram agravadas pela seca que levou à morte 300 mil nordestinos entre 1877 e 1879. Muitos se juntaram aos cangaceiros para assaltar e saquear como meio de sobrevivência. Outros se agruparam ao redor de um "messias", "santo" ou "beato" para alimentar a esperança de dias melhores. Buscavam uma forma de vida na qual não houvesse senhores e escravos, patrões e súditos. Queriam construir uma nova sociedade. Mas tanto os cangaceiros quanto os beatos sentiram a força da resistência das oligarquias republicanas. Uns e outros foram arrasados pelo governo.

Na Bahia surgiu Antônio Vicente Mendes Maciel, popularmente conhecido como Antônio Conselheiro, no Ceará o padre Cícero, no Sul o monge João Maria. Foram três movimentos em defesa do povo mais sofrido, que deixaram marcas de fé, de consciência da situação política e de esperança. Todos eles foram significativos para ilustrar a perspectiva da utopia, do sonho de um mundo novo.

O profetismo de Antônio Conselheiro

O profetismo de Antônio Conselheiro nasceu da sua existência sofrida desde a infância. Pertencia a uma família de pequenos proprietários, perseguida pelos latifundiários do Ceará. Muito cedo perdeu o pai e teve de abandonar os estudos do seminário para dar assistência à família. Não foi bem-sucedido como comerciante, nem no casamento. Em 1860, mudou-se para o sertão da Bahia, onde começou a fazer pregações utilizando textos da Escritura. Fazia comparações e paralelismos de cunho profético. Euclides da Cunha relata em seu livro *Os Sertões* alguns discursos de Antônio Conselheiro. Vejamos um deles:

"Em 1896 há de rebanhos mil correr da praia para o sertão; então o sertão virará praia e a praia virará sertão. Em 1897 haverá muito pasto e pouco rasto e um só pastor e um só rebanho. Em 1898 haverá muitos chapéus e poucas cabeças. Em 1899 ficarão as águas em sangue e o planeta há de aparecer no nascente com o raio do sol que o ramo se confrontará na terra e a terra em algum lugar se confrontará no céu [...]. Há de chover uma grande chuva de estrelas e aí será o fim do mundo. Em 1900 se apagarão as luzes [...]".[4] O estilo é muito semelhante ao texto de Isaías: "[...] Transformarei o deserto em pântanos e a terra seca em nascentes de água. No deserto estabelecerei o cedro, a acácia, o mirto e a oliveira; na estepe colocarei o zimbro, o cipreste e o plátano, a fim de que vejam e saibam, a fim de que prestem atenção e compreendam que a mão de Deus fez isto, e o Santo de Israel o criou" (Is 41,18-20). Ambos os relatos refletem a esperança de vida em que são evidentes os sinais de morte. Antônio Conselheiro transformou a caatinga seca do sertão nordestino em terra fecunda que deu alimento para mais de 25 mil habitantes.

Em pouco tempo, Antônio Conselheiro reuniu ao seu redor muitos ex-escravos, camponeses pobres, indígenas e pequenos proprietários expulsos de suas terras. Todos encontravam acolhida em Canudos. "Não faltava mutirão, comida e muita reza. Pouco a pouco a comunidade foi crescendo e a cidade de Canudos tornou-se a segunda cidade mais importante do estado, depois de Salvador. Desenvolveu-se em todos os sentidos, na organização social, política, econômica e religiosa, dentro de um sistema essencialmente comunitário e participativo. Não havia propriedades particulares, pois se considerava a terra Dom de Deus dada a todos. Tudo o que se produzia nela era colocado em comum: as colheitas, os rebanhos e todos os frutos produzidos pelo trabalho humano. Ninguém passava necessidade. Todos trabalhavam. O excedente da produção era vendido para outras cidades, e a renda revertida em benefício de todos. Canudos era regida por suas próprias leis. Não havia cobrança de impostos, nem autoridade policial. A venda de bebidas alcoólicas e a prostituição eram proibidas." Antônio Conselheiro não poupava, nas suas críticas, também as autoridades eclesiásticas que se aliavam à República e lhe davam sustentação. A

---

[4] CUNHA, E. Os Sertões. Rio de Janeiro, Ediouro, (s/d) p. 150.

seus olhos eles eram falsos cristãos, traidores, maçons e protestantes.

Não demorou muito tempo para que o sistema de vida da comunidade de Canudos começasse a incomodar os fazendeiros baianos, e a elite política teve medo de que a ideia se espalhasse para outras cidades e regiões. Era preciso terminar com a iniciativa o quanto antes. O governo estadual decidiu, então, invadir Canudos com suas tropas, mas não conseguiu dominá-la. Apelou, portanto, para o governo federal, que, em sucessivas intervenções, conseguiu liquidar com toda a população, que resistiu até a morte.

Semente que morre gera vida

A fonte da pregação de Antônio Conselheiro encontrava-se nas Escrituras, sobretudo nos evangelhos. "A proposta de Canudos enraíza-se no movimento iniciado por Jesus. Há uma aproximação quase material entre o movimento deflagrado por Jesus e o modo de agir do Conselheiro. Em Jesus vemos que foi o sofrimento cotidiano da população da Galileia que fez com que ele fosse ao encontro do povo como um enviado, com forte dinamismo de missão, com a fé de que esse sofrimento acabaria um dia com a chegada do Reino de Deus [...].

Como Jesus, Antônio Conselheiro sabia comunicar-se com os camponeses e camponesas do sertão. Como Jesus, ele demonstrava uma invejável segurança ao falar com os pobres do campo, de sorte que as multidões o seguiam, como quem segue um líder, pois o povo percebia que estava diante de alguém que trazia uma novidade para os 'mal-aventurados'."[5]

A expectativa messiânica do povo no tempo de Jesus

No meio do povo, havia diversos grupos e tendências de esperança messiânica. Cada qual imaginava um messias segundo seus interesses. Para uns, ele devia ser o enviado de Deus, para outros, o próprio Deus viria em pessoa, e para outros, ainda, não havia necessidade de um messias, tudo devia ficar como estava.

Mesmo entre os que esperavam o Messias como o enviado de Deus, havia diferentes expectativas: de um profeta (Ml 3,23-24; Is 61,1); rei (Sl 72); discípulo (Is 50,4) e sacerdote (Zc 4). Todos esses títulos ilustram

---

[5] Peregrino, A. Canudos: um ritual de passagem para um final de mundo. In: *Estudos Bíblicos*, n. 59. São Paulo, Vozes/Sinodal, 1998. p. 67.

uma parcela da missão do Messias Jesus, mas não a sua totalidade. A Ressurreição de Jesus deu aos cristãos a chave da interpretação das Escrituras, o Primeiro Testamento. Nele os cristãos encontram grande parte dos títulos atribuídos a Jesus e que expressam a sua identidade de Messias (Sl 2,2), Filho do Homem (Dn 7,13; Ez 2,1), Filho de Deus (Sl 2,7), Servo do Senhor (Is 42,1; 41,8), Redentor (Is 41,14; Sl 19,15) e Senhor (Dt 3,24; Jó 28,28; Is 11,11).

Jesus é o Ungido, o Messias de Deus que veio para todos, mesmo que nem todos o tenham acolhido (Jo 1,11). "Mas a todos que o receberam deu o poder de se tornarem filhos de Deus: aos que creem em seu nome, ele, que não foi gerado nem do sangue, nem de uma vontade da carne, nem de uma vontade do homem, mas de Deus" (Jo 1,12-13).

Nos evangelhos é forte a acolhida dada a Jesus pelos pequenos e excluídos da sociedade de seu tempo. Ele não só respondeu às expectativas do povo, como as superou, pois eles se maravilhavam diante das obras de Jesus, dizendo que nunca tinham visto tais coisas em Israel (Mt 9,33; 12,23; 21,20). Eles, sim, encontraram em Jesus o rosto de Deus Mãe e Pai, que os valorizou, curou, perdoou, acolheu, falou e amou até o fim. Nas palavras e atitudes de Jesus, Antônio Conselheiro, a comunidade de Canudos, tantos e tantas encontraram e continuam encontrando hoje força para manter seu profetismo, até as últimas consequências.

Para entender mais Jesus e sua missão, vamos conhecer melhor a situação da terra de Israel, no tempo em que ele viveu: as diversas facetas que envolviam a vida das pessoas nos aspectos econômico, social, político, ideológico, religioso e familiar. É o contexto histórico no qual Jesus viveu e realizou sua missão messiânica.

Roteiro para o estudo do tema

1. Oração inicial
Conforme a criatividade do grupo.

2. Mutirão da memória
Compor a síntese do conteúdo já lido por todos no subsídio. Caso as pessoas não tenham o subsídio, ficará a cargo do(a) líder expor a síntese.

Recurso visual
No centro do grupo, colocar uma caixa de papelão contendo terra e galhos de árvores com frutas e flores. Ao lado, uma caixa vazia, na qual cada pessoa irá depositar o alimento que trouxe, para completar uma cesta básica, semelhante às que se compram nos supermercados. No fim do encontro, os alimentos poderão ser destinados a alguém em especial, ou compartilhados entre o grupo, de forma que ninguém leve de volta exatamente aquilo que trouxe, mas haja uma troca.

3. Partilha afetiva
Em grupos menores ou em plenário, dialogar:
- Em nossa infância, ouvimos histórias ou presenciamos fatos de partilha entre as famílias?
- As pessoas faziam algum tipo de mutirão, de ajuda mútua?
- E nós, hoje, que tipo de partilha ou de mutirão costumamos fazer?

4. Sintonia com a Bíblia
Ler Is 41,18-20.
Isaías retrata, em estilo poético, o desejo de toda criatura de que a terra seja um lugar de vida e felicidade para todos.

Diálogo de síntese
- Que relação pode-se fazer entre a esperança de Isaías e a realidade construída na cidade de Canudos?
- Se Antônio Conselheiro vivesse hoje, que proposta ele faria ao povo que sofre?

Lembrete: para a próxima reunião, trazer: talões de cheque, contas de luz e água, impostos, notas fiscais, cartões de crédito, crediários ou outros documentos da vida econômica moderna.

2º tema

A terra de Israel no tempo de Jesus

Jesus nasceu num contexto concreto, a Judeia, segundo a tradição cristã. Terra pobre em minério, com uma pequena produção agrícola, pecuária, pesqueira, industrial e comercial. Era dominada pelo império romano e pagava impostos como os demais povos subjugados.

Situação econômica

O relevo da terra de Israel influencia muito as condições econômicas da região: montanhas de norte a sul, desertos ao sul e pouca água.

A propriedade em Israel

A propriedade particular na forma pastoril e agrícola era aceita no Primeiro Testamento, mas, no momento em que o povo fixou-se na terra, surgiram muitas restrições. Deus é o único dono da terra (Js 22,19; Os 9,3). Ele conquistou esta terra e a deu a seu povo (Nm 32,7). Essa concepção teológica traz consequências sociais. Isto indica que o direito de propriedade não é absoluto. O povo de Israel juridicamente é meeiro do Senhor. Nesta ótica é relida a lei do ano sabático (Ex 23,10-11); o direito dos pobres (Lv 19,9-10); o dízimo (Lv 27,30-32) e o resgate do parente mais próximo. Este era conhecido como resgatador, ou redentor, ou,

ainda, *Go'el* (Lv 25,23-28; Rt 4, 1-12).

O sorteio como forma de distribuição da terra entre as tribos, no tempo de Josué, indicava o domínio absoluto de Deus sobre ela (Js 13,6; 15,1), bem como a propriedade familiar passada adiante na forma de herança entre os parentes (1Rs 5,5; 21,3). Da monarquia até o tempo de Jesus foram-se constituindo os grandes latifundiários, criticados severamente pelos profetas (Is 5,8; Mq 2,2).

Em Israel são conhecidas duas instituições que visavam impedir o crescimento da pobreza e da escravidão causada pelas dívidas: o ano sabático e o ano jubilar. O ano sabático acontecia a cada sete anos. No sétimo ano, as pessoas, a terra e as coisas deviam repousar. O escravo recuperava a liberdade e as terras não eram cultivadas, para que recobrassem sua força.[1] Esta

---

[1] Cf. Ex 21,2-6; 23,10-11; Lv 25,1-7; Dt 15,1-18.

prática parece ter sido observada em Israel, segundo o 1 Macabeus (1Mc 6,49-53).

O ano jubilar devia ser celebrado a cada 50 anos (Lv 25,8-24). Nesse ano todas as terras deviam ser devolvidas a seus donos originais, e também ser libertos os escravos, embora essa libertação já fosse feita de sete em sete anos. Não há, porém, nenhum indício de que essa lei tenha sido praticada.

Agricultura: rosas para o Senhor

A terra de Israel, apesar de ser pequena, com montanhas, desertos e pouca chuva, tinha na agricultura sua maior fonte de riqueza. Ela se desenvolveu muito no período helenista (323-63 a.E.C.), apesar de as áreas reservadas ao cultivo serem poucas e relativamente pequenas, como o vale de Esdrelon (ou Jezrael), a planície de Saron, a planície costeira e alguns vales situados entre as montanhas.

Na Judeia e na Galileia havia o cultivo de grãos, predominando o trigo, a cevada e o centeio. As oliveiras e os vinhedos eram cultivados sobre as montanhas; as tâmaras, na região quente do vale do Jordão; e o bálsamo, próximo a Jericó. O linho da Galileia e a lã das montanhas da Judeia serviam para vestir a população.

Na produção de grãos se destaca o trigo, produzido em pequena quantidade em todas as regiões, e mais intensamente na Galileia. Grande parte dele era consumido na Judeia, sobretudo em Jerusalém, devido ao grande fluxo de visitantes por ocasião das festas de peregrinação. O Templo, porém, servia-se do trigo produzido em três cidades da Judeia: Macmas, Zanoah e Hafaraim, para evitar a sua passagem pela Samaria, e a sua consequente contaminação, pois os judeus consideravam essa região território impuro.

A figueira, a oliveira e a vinha também eram produzidas em grande escala. O figo, o óleo e o vinho, além de fazerem parte da alimentação, eram exportados para os países vizinhos, como o Egito e a Síria. O óleo usado no Templo, assim como o trigo e o vinho, merecia um cuidado especial, não podendo ser produzido nem provir de qualquer lugar. As azeitonas vinham da região da Pereia e eram prensadas em Jerusalém, para evitar o risco de contaminação e de terem sido oferecidas antes a uma outra divindade. Tudo o que era consumido no Templo passava por uma rigorosa fiscalização.

Cultivavam-se outros produtos na região da Galileia, como lentilha, ervilha, alface, chicória, agrião, romãs, tâmaras, nozes e maçãs. Além das plantas frutíferas e das hortaliças, eram conhecidas na região algumas espécies de árvores como o salgueiro, a acácia, o loureiro, o cipreste e o pinheiro. Havia também algumas culturas especiais como o bálsamo e o roseiral que serviam para produzir as essências dos perfumes usados, sobretudo, nos sacrifícios oferecidos no Templo.

Pecuária: um sentido sagrado

Na terra de Israel o rebanho mais numeroso era o de pequeno porte, constituído por ovelhas, carneiros e cabritos, necessários para o culto. Os bois eram criados na faixa litorânea; ao sul nas proximidades de Gaza, Ascalon; e na Transjordânia, na região de Basã ao norte e nas proximidades do rio Arnon ao sul. Entre as aves, a galinha e os pombos eram criados nas montanhas da Judeia. Esses animais supriam as necessidades para os sacrifícios realizados diariamente no Templo. Em um ano apenas, no Templo consumiam-se 1.093 cordeiros ou cabritos, 113 touros e 32 bodes para

os sacrifícios públicos.[2] Além do boi havia também a criação de animais para o transporte, como o camelo, o cavalo e o burro de carga, ocupando mais a região da Transjordânia ao norte e ao sul. O porco ainda hoje é considerado um animal impuro. Seu consumo é proibido ao povo judeu.

Pesca: a bênção da água

O lago de Genesaré (cf. Lc 5,1) e o Mediterrâneo constituíam a maior fonte da pesca. A pescaria era o meio de sobrevivência de uma grande parte da população, e a profissão de pescador era honrosa. Muitas pequenas cidades e aldeias nas proximidades do lago e do litoral do Mediterrâneo tinham pequenas indústrias em que o peixe era salgado e preparado para o comércio e também para exportação. Mágdala é uma das cidades próximas ao lago de Tiberíades, onde os habitantes, na sua maioria, exerciam a pesca. Esta era a cidade natal de Maria Madalena (Lc 8,2).

Indústria: retrato de uma cultura

Na área industrial destaca-se a atividade artesanal ligada à família e ao Templo. Na indústria familiar desenvolviam-se o tear de lã e linho, o vinho, as passas de figos e

---

[2] MORIN, E. *Jesus e as estruturas do seu tempo*. São Paulo, Paulus 1982. p. 26.

os derivados do leite. Nas atividades ligadas ao Templo, havia os artesãos que trabalhavam o ferro que vinha das montanhas de Galaad, o bronze da Arábia, o betume do Mar Morto e a argila da planície de Saron.

Na cidade de Jerusalém, havia diversas profissões de interesse geral, ligadas de modo especial à indústria da lã, do couro, do bronze, do ferro e da argila usada na fabricação de louças e cerâmicas. No tempo das festas de peregrinação, alguns serviços se multiplicavam, sobretudo na cidade e arredores: padeiros, açougueiros, fabricantes de vinho, carregadores de água, artesãos de objetos para lembrança, sinetes, diademas, copistas para os contratos, sapateiros, carpinteiros, perfumistas (unguento, incenso, óleos). Depois de Herodes, o Grande, a construção civil tomou um impulso maior, aumentando o número de pedreiros, escultores, fabricantes de mosaicos, talhadores em pedras, operários de construção, lenhadores, fabricantes de tendas.

Comércio: luzes e sombras do cotidiano

Havia o comércio interno e externo. O comércio interno era feito na base da troca entre os pequenos produtores ou por meio dos mercados e das feiras que ofereciam aos produtores a possibilidade da venda de seus produtos. O excedente da produção das aldeias era consumido pela população de Jerusalém, que possuía cerca de 25 mil habitantes, e na época das festas chegava a 180 mil. Havia vendedores ambulantes, artesãos e lojistas que também expunham em barracas as suas mercadorias. Em Jerusalém, havia grandes mercados de cereais, de frutas, de legumes, de madeiras e de animais, consumidos sobretudo para os sacrifícios no Templo; como em outros grandes centros, existia também o mercado de escravos.

No comércio externo havia a importação e exportação de produtos. A importação era pequena, mas vinha de diversas regiões. Do Líbano importavam-se o cedro e a lenha para os sacrifícios, como a figueira, a nogueira e o pinheiro. Da Arábia vinham o cobre, o incenso e muitos aromas comercializados pelos perfumistas. Das montanhas de Galaad chegava o ferro, do Mar Morto, o betume, e da Galileia, Babilônia e Índia, os panos de seda para confeccionar as vestes em escarlate, o bisso[3] e a púrpura para o sumo sacerdote e a aristocracia civil e religiosa. De Corinto chegou o bronze para

---

[3] É um tecido de linho fino, mais usado para toalhas de mesa ou guardanapos bordados.

a fabricação da porta do Templo. A exportação era igualmente pequena, predominantemente de cereais, frutas, óleo e bálsamo, e normalmente feita por judeus que moravam no estrangeiro e aí comercializavam esses produtos. As vias conhecidas e utilizadas para o transporte dos produtos eram por terra e por mar.

Vias marítimas: progresso e submissão

O transporte de mercadorias acontecia, normalmente, pela via marítima, por intermédio de barcos e veleiros, pelos portos modestos das cidades de Dor e Jafa, e pelos mais importantes portos de Cesareia Marítima, pelo Mar Mediterrâneo, e de Elat, pelo Mar Vermelho. Este último tinha muito movimento e comunicava-se com diversos países. O tráfego marítimo era controlado pelos gregos, sírios e romanos.

Vias terrestres: perigos e soluções

Além do transporte marítimo, as mercadorias eram conduzidas também pelas vias terrestres por meio de caravanas de camelos, burros, jumentos e carrinhos de mão, para as curtas distâncias. O cavalo e a carroça eram bem menos usados. As estradas internacionais, que já tivemos oportunidade de conhecer, são a "Via Maris" que passa ao longo da costa do Mediterrâneo chegando até Hasor, de onde segue até Damasco; e a "Via Régia" que atravessa as montanhas da Transjordânia nas proximidades do deserto, chegando até a Arábia. Havia outras estradas secundárias e locais, que interessavam aos romanos e ao comércio interno da terra de Israel. As viagens normalmente eram feitas em caravanas por causa do risco de assaltos, muito frequentes na região. No evangelho de Lucas conhecemos a parábola do Samaritano, que retrata a experiência do homem que viajava sozinho de Jerusalém a Jericó e foi assaltado (Lc 10,30).

As vias terrestres e marítimas favoreciam o comércio feito na base da troca ou em moedas.

Moeda: o peso da mão dominadora

No tempo de Jesus, havia três tipos de moedas em maior uso na terra de Israel: a moeda oficial romana, a moeda provincial grega, cunhada em Antioquia da Síria e Tiro, e a moeda judaica feita, talvez, em Cesareia Marítima. Eram cunhadas em ouro, prata, bronze ou latão. As moedas em prata tinham maior circulação no país. Correspondiam ao denário romano, à dracma grega e ao shêkel judaico.

A moeda oficial do Império mais em uso na região era o *denário romano,* da província da Síria, a *dracma grega* e a moeda local era o *shêkel judaico.* O denário e a dracma tinham o mesmo valor. Ambos correspondiam a um dia de trabalho de um trabalhador braçal. Um shêkel judaico correspondia a quatro denários romanos ou quatro dracmas gregas.

No Evangelho aparecem também o talento, a mina e a libra. O talento aparecia como moeda e unidade de peso. Como moeda equivalia a 6.000 dracmas ou denários. E como peso correspondia aproximadamente a 34,272 kg (trinta e quatro quilos e duzentos e setenta e dois gramas). Um talento correspondia ao peso de 60 minas e 3.600 shêkeis. Um shêkel pesava 11,5 g (onze gramas e cinco décimos) e uma mina pesava 571 g (quinhentos e setenta e um gramas). No Segundo Testamento encontramos apenas em Mateus e no livro do Apocalipse referências ao talento; em Mateus, na parábola do devedor implacável que devia dez mil talentos (Mt 18,24) e na parábola dos talentos que o senhor ao viajar distribuiu a seus servos, de acordo com a capacidade de cada um (Mt 25,14-30). Lucas narra a mesma parábola de Mateus, usando no lugar do talento a mina, moeda de origem fenícia (Lc 19,10-27). Já o livro do Apocalipse faz referência às sete pragas das sete taças: "do céu caiu sobre os homens um granizo pesado, como chuva de talentos" (Ap 16,21).

A libra romana corresponde a uma medida de peso, 320 g (trezentos e vinte gramas), um pouco mais da metade de uma mina. A libra aparece duas vezes no evangelho de João: no relato da unção de Jesus em Betânia, Maria, irmã de Lázaro, comprou nardo puro por uma libra — "muito caro" —, e com ele ungiu os pés de Jesus (Jo 12,3); a outra citação refere-se a Nicodemos, que trouxe uma mistura de mirra e aloés no valor de cem libras para embalsamar o corpo de Jesus (Jo 19,39).

O costume de pesar as moedas em vez de contá-las era tarefa dos banqueiros, cambistas ou trocadores. Tanto para a importação como para a exportação o pagamento realizava-se mediante essas moedas, embora nas aldeias ainda houvesse o costume da troca de mercadorias. Além das medidas de peso, havia as *medidas de comprimento* e *de capacidade* na venda de determinados produtos, como o tecido e o vinho.

No Segundo Testamento aparece, com frequência, o *côvado*[4] como medida de comprimento (45 cm); o palmo (22,5 cm); a mão (7,5 cm); o dedo (1,8 cm); o *estádio*[5] (185 m); a *milha romana*[6] (1.479 m); e a *légua* (5.550 m). Entre as medidas de capacidade de produtos sólidos, predominava o *alqueire*[7] (15 l); e para produtos líquidos, a *metreta*[8] (45 l).

Tanto a exportação quanto a importação eram pequenas. Nas exportações do setor alimentício predominavam: cereais, frutas, óleo, peixe e bálsamo. O comércio desses produtos, normalmente, era feito por judeus que moravam no estrangeiro e aí os comercializavam.

Custo de vida: sacrifício e exploração

O custo de vida na cidade de Jerusalém era muito alto. Nela e nos arredores havia pouca matéria-prima e água, além do difícil acesso por estar situada entre montanhas e ficar longe das grandes vias de comunicação. Existiam muitos especuladores que se aproveitavam da situação.

Imposto: o jugo de Roma sobre o povo

No tempo de Herodes, o Grande (37-4 a.E.C.), foi implantado um rigoroso regime fiscal que continuou após sua morte. No ano 6 E.C., quando Arquelau foi deposto, o governo estabelecido por Roma não foi mais condescendente do que ele. Antes, exigiu em seguida um recenseamento de pessoas e bens. Contra essas medidas, muitos israelitas de Norte a Sul se revoltaram. Na Galileia, Judas fomentou uma revolta de protesto, embora tenha durado pouco tempo (At 5,37).[9]

Na cidade de Ancara foi erigido um monumento em homenagem a César Augusto, no qual estão inscritas três datas de recenseamentos: em 28 a.E.C., em 8 e 14 E.C. Os judeus deviam participar desse recenseamento nas suas cidades de origem.

No tempo de Jesus, Herodes Antipas governava a região da Galileia e da Pereia. Ele recebia diretamente os impostos e repassava

---

[4] O côvado, medida de comprimento, aparece em Mt 6,27; Jo 21,8; Ap 21,17.

[5] O estádio, medida de comprimento, aparece em Mt 14,24; Lc 24,13; Jo 6,19; 11,18; Ap 14,20; 21,16.

[6] A milha romana, medida de comprimento, aparece em Mt 5,41.

[7] O alqueire, medida de capacidade de produtos sólidos, aparece em Mt 5,15; Mc 4,21; Lc 11,33.

[8] A metreta, medida de capacidade de produtos líquidos, aparece em Jo 2,6.

[9] A data proposta por Flávio Josefo para a revolta de Judas e de Teudas é em torno do ano 6 da E.C., mas, de fato, teria acontecido por volta do ano 6 a.E.C., época do nascimento de Jesus.

A terra de Israel no tempo de Jesus

uma grande parte ao império romano. Na Judeia havia os tributos diretos e indiretos. Os impostos diretos eram cobrados pelos agentes do fisco imperial. Eram tributadas a terra e as pessoas. O imposto sobre a terra atingia todos os pequenos e grandes proprietários em 20% a 25% sobre a produção, enquanto o imposto sobre a pessoa era proporcional à renda do indivíduo.

Os impostos indiretos eram recebidos de diversos modos: em alfândegas, nas barreiras, em determinadas encruzilhadas das grandes estradas, nas entradas das cidades e nos mercados públicos; eles eram muito pesados. Havia grupos organizados, conhecidos como publicanos ou cobradores de impostos; seus chefes eram os fiscais, e os empregados subalternos revistavam as malas e os pertences dos viajantes. O controle da cobrança desses impostos era feito por um procurador financeiro ou um cidadão romano.

Impostos religiosos: as sombras da fé judaica

O pagamento do dízimo não era exclusividade de Israel. Existia, também, entre os egípcios e mesopotâmios. Era pago aos deuses nos seus respectivos templos. Segundo os escritos bíbli-cos, ele já era cobrado no tempo de Abraão (Gn 14,20) e de Jacó (Gn 28,22). Na lei atribuída a Moisés encontramos, bem detalhados, o conteúdo e a forma do dízimo: devia ser pago sobre a terra — porque ela pertence a Deus —, sobre as plantas e os animais; não deve ser confundido com a oferta das primícias[10] (Ex 22,28-30); e, além do mais, era pago integralmente; devia ser entregue aos levitas, porque estes não tinham recebido a porção de terra entre as tribos (Nm 18,20-32) dos 10% de todo o dízimo recolhido, deviam-se pagar o "dízimo dos dízimos", os 10% para os sacerdotes (Nm 18,26); não podia ser entregue em qualquer lugar, mas no lugar que o Senhor escolhesse numa das suas tribos (Dt 12,1-14; 14,22-29). O lugar da nova terra era Jerusalém (Dt 12,14). Nesse local devia ser feita uma refeição sagrada na qual o levita devia participar (Dt 12,7). Por causa das distâncias a pessoa podia transformar o produto no seu equivalente em dinheiro (Dt 14,24-26).

Há divergências, entre os estudiosos, quanto ao número de dízimos pagos, se eram dois ou três. O confronto do livro do Deuteronômio (Dt 14,22-29) com o Levítico (Lv 27) e o Números (Nm 18) parece

---

[10] São os primeiros produtos da terra oferecidos a Deus em sacrifício, como forma de submissão, reconhecimento e súplica pela fertilidade no ano vindouro (Lv 23,10-20; Dt 26,1-3).

indicar três: o dízimo a ser dado aos levitas (Dt 14,27; Nm 18,20-24); o dízimo pago para o banquete sagrado (Dt 14,22-26); e o terceiro pago a cada três anos para os pobres da própria região (Dt 14,28-29). Havia aqueles que eram rigorosos na observância dessas contribuições (Lc 11,42); outros, porém, não as cumpriam com rigor (Ml 3,8-10).

No Primeiro Testamento o dízimo destinava-se a Deus e às pessoas e/ou à comunidade. O dízimo a Deus não era visto como um fardo pesado, mas como dádiva na alegria, porque tudo pertence a Deus e dele o recebemos (2Cor 9,7). Devia ser considerado um gesto de submissão e dependência. O dízimo dado às pessoas ou à comunidade favorecia os levitas que não exerciam atividades comerciais (Nm 18,21), os pobres, as viúvas e os órfãos que eram sustentados pelo dízimo do terceiro ano (Dt 14,29; Is 1,23; Tg 1,27).[11] (Cf. mapa n. 34.)

---

[11] Cf. VV.AA. *Dicionário Internacional de Teologia do Antigo Testamento*. São Paulo, Vida Nova, 1998. pp. 1711h.

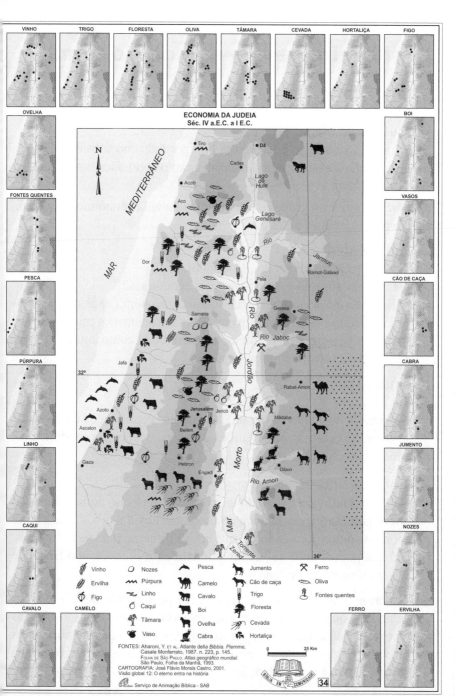

Roteiro para o estudo do tema

1. Oração inicial
Conforme a criatividade do grupo.

2. Mutirão da memória
Compor a síntese do conteúdo já lido por todos no subsídio. Caso as pessoas não tenham o subsídio, ficará a cargo do(a) líder expor a síntese.

Recursos visuais
Fazer circular no grupo os documentos da vida econômica: cheques, crediários, contas, notas etc.

3. Partilha afetiva
Em grupos menores ou no plenário, dialogar:
- Onde nossos avós guardavam suas economias?
- Em nossa infância, o que era cultivado na agricultura, que animais as famílias criavam e quais eram as profissões mais comuns dos pais de família?
- Hoje nossa região está diferente ou continua como antes?
- A vida do povo melhorou ou piorou?

4. Sintonia com a Bíblia
Ler Mt 25,14-30.
A parábola dos talentos retrata os costumes econômicos da época de Jesus: moeda estrangeira, patrões e servos, negócios e rendimentos, banqueiros e juros...

Diálogo de síntese
Vê-se que na Judeia, ao lado da produção agrícola, do pastoreio, do artesanato familiar e da troca de produtos, havia também a estrutura econômica dos dominadores, que criava diferenças sociais.
Em que pontos pode-se ver um paralelo entre a Judeia e o Brasil de nossa infância e o de hoje?

Lembrete: para a próxima reunião, cada pessoa providencie recortes de revistas ou jornais que falem de pessoas que hoje são discriminadas ou excluídas na sociedade; por exemplo: menores de rua, portadores do vírus HIV, prostitutas, presidiários... Buscar um diálogo com uma pessoa que vive nessa situação.

3º tema
Situação político-social no tempo de Jesus

A sociedade judaica no tempo de Jesus, como todas as sociedades, compunha-se de ricos, remediados, pobres, escravos e miseráveis. Os *ricos* integravam a corte e a aristocracia sacerdotal e leiga; os *remediados* eram os proprietários de terra, de casas de comércio e oficinas de artesanato. Os *pobres,* na sua maioria, eram os diaristas ou assalariados. Os *escravos,* judeus ou pagãos, comuns na época, viviam à mercê dos seus patrões. Por fim, os *miseráveis* que sobreviviam à base da esmola e da ajuda dos outros na forma individual e institucional.

Ricos: os donos do poder

No tempo de Jesus, a *corte* constituía-se pela família de Herodes e de seus partidários, que detinham grande parte da riqueza em suas mãos. Conseguiam manter os privilégios e interesses porque apoiavam o sistema de dominação romana. Ocupavam espaços e áreas reservadas junto ao palácio e ao Templo, e em lugares bem situados.

A *aristocracia leiga* formava--se pelos grandes comerciantes, donos de grandes mercados, pelos chefes do sistema de arrecadação de impostos para o Império e pelos grandes proprietários de terras. Para o povo judeu era difícil conviver com essa realidade, por não corresponder aos seus princípios religiosos. Eles viam a terra como propriedade de Deus e devia servir para o sustento de todos. Nos evangelhos conhecemos alguns nomes dos que pertenciam à aristocracia leiga: Zaqueu, chefe dos publicanos (Lc 19,2); Nicodemos e José de Arimateia, membros do Sinédrio (Jo 3,1; Mc 15,43).

A *aristocracia sacerdotal* era formada pelo sumo sacerdote e pelos chefes dos sacerdotes. Este era o alto clero. Também eram proprietários de terras e donos do comércio de animais para os sacrifícios. Em diversos momentos Jesus entrou em conflito com os sacerdotes, pelo modo como julgavam e discriminavam as pessoas de acordo com as leis do puro e do impuro (Mc 1,44; 7,1-19; Lc 17,14). Jesus relativiza os seus privilégios (Mc 2,26) e opõe

Situação político-social no tempo de Jesus

o comportamento deles (Lc 10,31) com as exigências das Escrituras (Mt 12,7). Os mais influentes faziam parte dos que condenaram Jesus à morte.

Remediados: necessários à estrutura religiosa

Os remediados eram, naquele tempo, os que hoje constituem a nossa classe média. São os artesãos, os pequenos proprietários de oficinas e de casas de comércio. Entre eles encontrava-se também o baixo clero, que recebia uma parte das vítimas oferecidas em sacrifício no Templo (Lc 2,24). Eles exerciam diversas profissões que estavam ligadas aos principais produtos agrícolas ou industrializados em Israel: os grãos, artigos de lã, tapetes, cobertores, tecidos, unguentos de resina, óleo e incenso. Os artigos de lã eram fabricados em maior quantidade na Judeia e os de linho na região da Galileia. Em geral, era a mulher quem exercia o ofício do tear. Ligada à tecelagem, havia a função do *pisoeiro*, que recebia o tecido vindo da tecelagem e o tornava impermeável; era um ofício realizado, na sua maioria, por não judeus. O *alfaiate* depois recebia o tecido e confeccionava a roupa e a expunha ao público. Havia também os que comercializavam roupas de couro e sandálias.

A prosperidade dos comerciantes e artesãos dependia do movimento que houvesse no Templo. Entre os artesãos, havia *padeiros, alfaiates, perfumistas, carpinteiros, tecelães* e outros. Alguns ofícios estavam ligados à acolhida e hospedagem de peregrinos. O consumo, no período das festas, devia ser muito elevado, pois cada judeu tinha de, pela lei, gastar todo o segundo dízimo. Mesmo que muitos não cumprissem essa determinação, alguns, porém, certamente eram fiéis (Dt 12,17-18). Esse gasto devia ser feito em alimentação, vestes, perfumes ou objetos de luxo.

A profissão do *ferreiro* que trabalhava o ferro e o bronze muito cedo se transformou em indústria de guerra, a qual fabricava máquinas, espadas, couraças e armas de arremesso. O *artesão artístico* trabalhava com o ouro, fazendo enfeites, adornos de cabeça, diademas e sinetes com figuras cunhadas. No livro dos Atos dos Apóstolos, encontramos referência à profissão dos *ourives* (At 19,23-40). O *copista* também fazia parte das profissões de arte.

Profissões ligadas à alimentação — *padeiros, açougueiros, carregadores de água* — eram mais frequentes

37

em Jerusalém no período das grandes festas. O evangelho de Marcos faz referência a um homem carregando uma bilha de água (Mc 14,13). Os *trabalhadores do lagar* transformavam a azeitona em óleo e a uva em vinho. O lagar era uma espécie de tanque em que se espremiam e reduziam a líquido alguns produtos, como a azeitona e a uva. Eles manejavam, também, a prensa para a fabricação do bálsamo extraído de muitas plantas. Era utilizado como medicamento, incenso e fragrância. No Evangelho encontramos diversas referências ao bálsamo: Mc 16,1; Lc 23,56; Jo 19,39.

No Templo havia algumas profissões que estavam a serviço dos peregrinos e do próprio Templo. Os *padeiros* preparavam os pães que eram trocados diariamente sobre o altar da proposição ou da oblação. Os *perfumistas* preparavam o incenso e os perfumes a serem oferecidos e queimados para Deus. Os *encarregados das fontes* forneciam a água para as abluções e limpeza do Templo. O *médico* cuidava da saúde dos sacerdotes. Os *barbeiros* atendiam aos homens que vinham pagar os votos de nazir,[1] aos da consagração dos levitas e aos leprosos após a purificação.

No campo havia os *pequenos agricultores* que produziam para a própria subsistência, e o que lhes faltava era obtido por meio da troca de produtos. Essa forma de comércio favorecia o agricultor, que assim evitava pagar as taxas nos mercados. Na Judeia e Samaria, as áreas de agricultura eram menores e de cunho familiar, enquanto na Galileia as propriedades eram maiores e consequentemente a produção também era maior. Os produtos eram exportados através do porto de Cesareia Marítima.

Havia discriminação e preconceito em relação a algumas profissões, como o artesão que trabalhava no *tear*. Ele não era bem-visto na sociedade, porque seu trabalho era considerado de natureza feminina; o *oleiro,* que fabricava vasos e utensílios domésticos, tinha fama de mentiroso; o *curtidor,* que trabalhava com as peles dos animais, era desprezado pelo mau cheiro que exalava; o *pastor* também não gozava de boa fama porque se apropriava do pasto alheio. Além desses, havia os pobres que dependiam da própria força de trabalho e da caridade dos outros.

---

[1] Nazir ou nazureu significa, na língua hebraica, "colocado à parte"; indica aquele que é consagrado a Deus por meio de um voto. Cf. Nm 6,21; Jz 13,5-7; 16,17.

Pobres: os mais próximos a Jesus

Os diaristas faziam parte dos empregados pobres dos mercados e das fábricas de artesanato e carregadores de água e lenha. Entre eles havia, ainda, os pobres "profissionais" que sobreviviam em virtude da caridade e da esmola dos outros, e eram os escribas e os mendigos. Os escribas eram também conhecidos como mestres ou rabinos. Ensinavam a lei e as escrituras sem serem pagos pelo trabalho, mas viviam do que os alunos e o povo lhes ofereciam.

A família de Jesus era modesta. José exercia a profissão de carpinteiro (Mt 13,55). Na apresentação de Jesus ao Templo, eles deram a oferenda dos pobres, "um par de rolas ou dois pombinhos" (Lc 2,24). Os ricos costumavam oferecer um cordeiro (Lv 1,3). Segundo a tradição cristã, Jesus trabalhou com José na carpintaria. Alguns textos do Evangelho sugerem a condição de pobreza e precariedade na vida pública de Jesus (Lc 9,58). Ele recomenda a pobreza e exalta os pobres porque estes acolhem sua mensagem (Mt 5,1-10).

Jesus e os discípulos pertenciam ao grupo dos pobres, mesmo que muitas vezes Jesus fosse chamado de mestre ou rabi (Mt 8,19; 12,38; Lc 3,12; Jo 1,38; 3,2). Parece ter vivido, pobre e modestamente, daquilo que o povo lhe oferecia, como os demais mestres. No Evangelho encontramos algumas referências aos convites que ele e os discípulos receberam para fazer as refeições na casa de algumas pessoas, cujos nomes conhecemos: Mateus (Mt 9,11); Marta, Maria e Lázaro (Lc 10,38-42); Simão (Lc 7,36-50); Zaqueu (Lc 19,1-10). Jesus recrimina, com severidade, a atitude de alguns escribas que gostavam de ocupar os primeiros lugares nas sinagogas e os lugares de honra nos banquetes e se aproveitavam da situação das viúvas (Mc 12,40).

A esmola era uma das práticas mais recomendadas na tradição de Israel, além da oração e do jejum. O povo judeu era incentivado à prática da caridade pela esmola.[2] Entre eles não devia existir um pobre sequer (Dt 15,4). A situação de empobrecimento provocada pelos impostos, dívidas contraídas e dominações sucessivas de estrangeiros deixara um saldo negativo de muitos pobres, desocupados e mendigos.

---

[2] A palavra esmola em hebraico é *TseDaKaH*; vem de *TseDeK*, que em hebraico significa justiça, de onde nasce, por sua vez, a palavra *TSaDiK*, justo. Praticar a oferta de esmolas, no sentido judaico, é fazer justiça ao pobre, ou seja, dar o que lhe pertence.

Escravidão: um limite da Torá

Muitos se tornavam escravos por serem prisioneiros de guerra, por causa de furto, de dívidas contraídas sem possibilidade de pagamento, por empréstimos sem restituição e por outros motivos. Esses perdiam sua liberdade e se tornavam escravos. Na tradição israelita só podia tornar-se escravo o homem e a filha com menos de 12 anos de idade. O filho e a mulher não podiam ser reduzidos à escravidão. A filha, quando atingia 12 anos, adquiria a liberdade, a não ser que seu senhor quisesse casar-se com ela. O homem ficava escravo no máximo por seis anos, depois era libertado pela lei do ano sabático (Ex 21,2; Jr 34,8-22).

O escravo judeu, juridicamente, era igual ao filho mais velho do seu senhor. Tinha iguais condições de alimentação, vestuário e moradia para ele e sua família. Não era obrigado a alguns trabalhos, como lavar os pés do senhor. Mesmo que ele vivesse em condições humanas favoráveis, não tinha liberdade. Se algum judeu fosse submetido à escravidão de um senhor pagão, a família tinha o dever de resgatá-lo (Lv 25,39-40).

O escravo pagão de um judeu era considerado propriedade sua. Era comprado para sempre e o preço era estabelecido segundo as suas qualidades. Podia chegar a até cem minas, mas, normalmente, valia 20 minas (uma mina correspondia a cem dias de salário). Ele não tinha direito de posses, nem ao resgate. Era obrigado a fazer tudo o que o seu senhor mandava. Por sua vez, o senhor não podia infligir certas mutilações em seu escravo, e era responsabilizado pelo assassínio involuntário deste. Para esse tipo de faltas havia punições (Ex 21,20-26).

Em razão da pureza legal, o escravo pagão não podia morar na mesma casa de um judeu nem lhe preparar as refeições. Por isso, o escravo devia ser circuncidado após um ano de sua compra. Caso não se submetesse ao rito, devia ser vendido a um outro proprietário pagão. A circuncisão não o igualava ao escravo judeu, apenas suprimia a impureza legal. O escravo era dispensado das obrigações religiosas.

A escravidão é contemporânea a Jesus. Nos escritos do Segundo Testamento encontramos muitas referências ao escravo no sentido físico (Jo 8,33; At 7,7; Fm 16); no sentido moral, enquanto escravos do pecado (Jo 8,34; Rm 6,6; Gl 4,7); e sobretudo no sentido espiritual, como escolha consciente: "fiz-me escravo de todos, a fim de ganhar maior número" para

Cristo (cf. 1Cor 7,9-19). Havia, ainda, os miseráveis que dependiam totalmente da ajuda das pessoas.

Miseráveis: os indesejáveis da sociedade

Havia muitos marginalizados e excluídos do convívio social pela sua própria condição de extrema pobreza e falta de higiene, como os leprosos (Mc 1,40-45), mendigos, possessos do demônio (Mc 1,32-34), doentes mentais, cegos e coxos. Jesus acolheu as pessoas que levavam uma vida irregular, como as prostitutas, os criminosos e os ladrões.

Jesus era rodeado pelas pessoas marginalizadas, que viviam junto aos caminhos pedindo esmola. Diversas vezes foi interrompido em sua caminhada pelos cegos e doentes que gritavam por sua ajuda (Mc 10,46-52). Mateus narra que após a cura da filha de uma mulher cananeia, ele retirou-se para uma montanha, sentou-se e: "Logo vieram até ele numerosas multidões trazendo coxos, cegos, aleijados, mudos e muitos outros, e os puseram aos seus pés e ele os curou, de sorte que as multidões ficaram espantadas ao ver os mudos falando, os aleijados sãos, os coxos andando e os cegos a ver. E renderam glória ao Deus de Israel" (Mt 15,30-31). Mendigos e miseráveis havia em toda a parte, mas viviam de preferência em Jerusalém, onde a afluência dos peregrinos era maior e, por isso, eram mais ajudados por eles e também de forma institucional.

Um espaço para a solidariedade

Havia algumas práticas de caridade em favor dos mais pobres em Israel: o *terceiro dízimo, as espigas e feixes deixados pelos ceifadores, a permissão de apascentar o rebanho no próprio campo, a coleta de lenha das florestas, o corte do capim no próprio prado, a pesca no lago de Genesaré.* Essas práticas não erradicavam o problema social da fome e da miséria, mas amenizavam as necessidades imediatas de grande parte da população.

A *esmola individual* era muito recomendada também no tempo de Jesus. Era uma das obras de caridade mais praticadas na tradição religiosa judaica (Mt 6,2-4; Lc 11,41; 12,33; 18,35). Muitos grupos religiosos cumpriram com rigor a prática de dar esmola. Também o grupo de Jesus havia encarregado Judas de cuidar da bolsa, na qual se depositava a esmola em favor dos mais pobres.

No tempo de Jesus conheciam-se duas instituições de beneficência pública: *o cesto dos pobres* e o *prato dos pobres*. No cesto dos pobres eram recolhidos alimentos e roupas para serem distribuídos, uma vez por semana, aos mais carentes. E o prato dos pobres era a distribuição da sopa diária aos necessitados. Estas duas instituições, em Jerusalém, eram assumidas pelo Templo. Nele havia também um cofre onde se depositavam as ofertas para os mais pobres (Mc 12,42).

A condição social do cidadão dependia, e ainda hoje depende, em grande parte da forma como é conduzida a política do país. No Brasil, Antônio Conselheiro conseguiu por meio de suas pregações, movido por um ideal comunitário e cristão, formar uma sociedade onde não havia ricos e pobres, onde todos eram iguais e tinham condições de vida digna. Mas não conseguiu sobreviver, por causa de uma política que privilegiou os latifundiários e os mais ricos. No tempo de Jesus não foi diferente. Israel era um país rigorosamente controlado pelo império romano e subjugado pelos impostos externos e internos. Não havia condições, para a maioria do povo, de ter sequer uma vida digna e justa.

O poder político-religioso na Judeia

Império romano: harmonia aparente

Os imperadores romanos, de uma forma geral, respeitaram e confirmaram todos os direitos dos judeus, em Roma e no Império, e permitiram a eles a prática da própria religião, sem serem obrigados a prestar culto aos deuses. Reconheceram legítima a observância das leis judaicas e concederam às sinagogas certa autonomia na administração da justiça, embora sob os olhares dos magistrados romanos. O Sinédrio tinha permissão de receber, dos judeus, o imposto da didracma. Mas isso não representava uma autonomia plena em gerir os destinos políticos do seu país. Sua autoridade se restringia mais ao campo religioso, embora exercessem certa influência sobre as autoridades civis do seu tempo.

O Sinédrio: o poder político-religioso

O Sinédrio tinha certa influência nas decisões que o Império tomasse sobre a região, porque era constituído pela nata da sociedade. O que era o Sinédrio? A palavra sinédrio significa "reunião, assembleia", na

Situação político-social no tempo de Jesus

língua grega. Refere-se ao grupo de 71 homens que formavam o supremo tribunal dos judeus, no tempo de Jesus. Era a mais alta corte de justiça. Ele tem sua origem no Primeiro Testamento, mas não se sabe ao certo em que período. O Talmud[3] aponta para os 70 sábios escolhidos por Moisés (Nm 11,24); alguns estudiosos atuais situam os seus primórdios no período persa, outros no período grego.[4] Com a extinção da monarquia em 587/6 a.E.C., os chefes das famílias mais importantes da linhagem de Israel assumiram a orientação do povo. Gradualmente esse grupo foi-se solidificando no final do período persa (Esd 5,9; 10,8) e no período grego (1Mc 12,35). Participavam dele os representantes da *aristocracia leiga* formada pelas famílias ricas e tradicionais de Jerusalém; da *aristocracia sacerdotal*, que era formada por membros das grandes famílias sacerdotais da época, que na maioria eram do partido dos saduceus; por fim, o grupo dos escribas que passou a fazer parte do Sinédrio no governo de Alexandra Salomé (76 a.E.C.); eram membros da pequena burguesia, quase todos do partido dos fariseus.

Nos evangelhos, os membros do Sinédrio são normalmente identificados como: *anciãos*, *chefes dos sacerdotes* e *escribas*. O grupo dos *anciãos* integrava os membros da nobreza leiga. Trata-se dos anciãos que aparecem nos evangelhos. Eles entram continuamente em confronto com Jesus e seus discípulos, cobrando a observância das tradições dos antigos (Mt 15,2; Mc 7,5; Lc 11,37-38). Os Atos dos Apóstolos e as cartas do Segundo Testamento, quando falam dos anciãos, não se referem ao mesmo grupo. Dizem respeito aos responsáveis das comunidades cristãs (At 11,30; 15,6; 21,18). Conhecemos, porém, o nome de um ancião que provavelmente fazia parte do Sinédrio, José de Arimateia. Lucas o apresenta como um homem reto e justo (Lc 23,50). Mateus, como homem rico e discípulo de Jesus (Mt 27,57). Marcos e João afirmam que após a morte de Jesus ele foi pedir o corpo dele, embalsamou-o e o colocou numa sepultura nova (Mc 15,43; Jo 19,38).

---

[3] Talmud, palavra hebraica, significa estudo (da Torá). São comentários dos ensinamentos religiosos judaicos contidos numa coletânea de livros.

[4] VV.AA. *Dictionnaire Encyclopédique du Judaisme*. Paris, CERF/Robert Laffont, 1996. p. 921.

Os *chefes dos sacerdotes* faziam parte da alta aristocracia sacerdotal junto com o sumo sacerdote em ofício, que normalmente presidia o conselho. São identificados nos evangelhos como "*os chefes dos sacerdotes*" e os sumos sacerdotes, cujos nomes conhecemos os de Anás e seu genro Caifás, corresponsáveis pela morte de Jesus.[5]

O terceiro e último grupo a integrar o Sinédrio foram os *escribas*. Eles detinham o poder do conhecimento. Nicodemos foi identificado por João como notável e por Jesus, como "mestre em Israel". Ele fazia parte do Sinédrio por ser escriba (Jo 3,1.9; 7,50). Rabban Gamaliel I, provável mestre de Paulo, era fariseu e escriba e também pertencia ao Sinédrio (At 5,34).

Anciãos, chefes dos sacerdotes e escribas constituíam o Sinédrio no tempo de Jesus e tinham alguns poderes, que eram maiores ou menores, de acordo com quem governava o país.

Sinédrio: a autoridade submissa

No tempo de Herodes, o Grande, o poder do Sinédrio era limitado. Sob o governo dos procuradores romanos tinha maior autonomia nas questões religiosas e civis. Ele não representava apenas uma assembleia governamental, mas antes de tudo uma corte de justiça. Há momentos em que a autoridade do Sinédrio parece limitar-se à Judeia, quando Jesus, sendo judeu, dependia de Herodes Antipas (Lc 13,31). Em outros momentos a autoridade do Sinédrio parece estender-se sobre os judeus também da diáspora, quando Paulo pede ao Sinédrio cartas que o credenciassem para prender judeus convertidos à fé cristã em Damasco, portanto fora do território da Judeia (At 9,2).

Para alguns historiadores, o Sinédrio tinha o direito de aplicar a pena capital como no caso de Estevão, que morreu por apedrejamento (sentença de morte em uso na época entre os judeus) (At 7,55-60). Para outros, ele tinha apenas o direito de pronunciar a sentença capital, que devia ser ratificada depois, pelo procurador, como no caso de Jesus que morreu crucificado (sentença de morte em uso, na época, entre os romanos). Esta parece ter sido a função do Sinédrio na condenação de Jesus (Jo 18,31).[6]

O império romano exercia o poder sobre o povo e as autoridades locais, mas concedia ao Sinédrio alguns direitos na gestão interna da comunidade judaica. O Sinédrio, por sua vez, pesava sobre o povo por meio da doutrina do puro e do impuro.

---

[5] Cf. Mt 21,15.23.45; 26,57; Jo 18,24.

[6] MONLOUBOU, F. M.; DU BUIT, F. M. *Dicionário bíblico universal*. Aparecida/Petrópolis, Santuário/Vozes, 1997.

Puro e impuro: a base falsa do poder

O conceito de santo e santidade em Israel era reservado a Deus. Só ele é Santo, Puro, Perfeito e Separado, enquanto o ser humano é pecador, impuro, imperfeito e profano. Só Deus podia comunicar santidade, enquanto o ser humano, a impureza. Na proporção da proximidade física ou não com Deus, manifestava-se, em maior ou menor intensidade, a santidade de Deus. A partir deste pressuposto, tornou-se possível estabelecer o círculo geográfico e social de puro e impuro.

Círculo geográfico de puro e impuro

A concepção de puro e impuro, santo e imperfeito, relacionada com o lugar geográfico começava já pelo próprio Templo. O *Santo dos Santos* era o lugar mais sagrado que havia sobre a face da Terra. Ele encontrava-se dentro do Templo de Jerusalém. Nele habitava Deus. Depois, vinha o *Santo* onde se conservavam as ofertas sagradas. Nele entravam somente os sacerdotes para oferecer ao Senhor os dons para os sacrifícios. Ao redor do Templo se encontravam o pátio dos homens israelitas, o pátio das mulheres israelitas e o pátio dos pagãos.

Ao redor do Templo encontrava-se também a colina sobre a qual fora construído. Depois vinha Jerusalém, a cidade santa, capital de uma realeza sagrada que jamais terá fim (2Sm 7). Centro acolhedor de grandes peregrinações, de modo especial do povo judeu e de outros povos. Para ela um dia afluirão todos os povos (Is 60; 62; 66,5-17). Ao redor de Jerusalém estava a terra de Israel, terra santa e prometida por Deus a Abraão e dada aos seus descendentes (Gn 12,7). Na Judeia, situava-se Jerusalém e o Templo. A Samaria, habitada por um povo que se diz adorador do Senhor, mas que não é totalmente puro (2Rs 17,26). Depois vinha a Galileia que confina com o território das nações pagãs. Corria o risco constante de contrair impurezas pelo contato com os pagãos. Por último vinham as nações estrangeiras consideradas idólatras e totalmente impuras.

Jesus frequentou o Templo, rezou nele, expulsou os vendedores[7] que o profanavam (Jo 2,13-22), mesmo assim ele conservou uma postura crítica diante das mesmas práticas religiosas que nele se desenvolviam (Jo 2,13-22). Jesus, ao anunciar a destruição do Templo, aponta para si mesmo como o lugar do verdadeiro encontro com Deus

---

[7] Se essa cena fosse real, será que Jesus teria saído vivo do Templo? Imagine se alguém fizesse hoje o mesmo que Jesus na Basílica de São Pedro, ou em alguma catedral ou ainda em um santuário. É preciso ter presente a releitura que os cristãos fizeram das narrativas que nasceram depois da destruição de Jerusalém e do Templo.

(Jo 4,21). Não teve medo de anunciar a destruição do Templo (Jo 2,19; Mt 26,61) e da cidade de Jerusalém que não soube acolher a sua mensagem (Lc 19,41). Mas Jesus reconheceu publicamente a fé de um estrangeiro e pagão que o acolheu: "Em verdade vos digo que, em Israel, não achei ninguém que tivesse tal fé" (Mt 8,10).

Círculo social do puro e impuro

A sociedade no tempo de Jesus na visão de muitos da época era classificada em duas categorias: os puros e os impuros. O que determinava a pureza ou a impureza de uma pessoa ou sociedade? A impureza não implicava um ato moral ou de culpa. Ela decorria da própria condição humana, como, por exemplo, a maternidade, o corrimento do homem, o fluxo menstrual da mulher, certas doenças, o contato com defuntos ou com certos animais tornava as pessoas impuras. Para alcançar novamente o estado de pureza cada um(a) devia cumprir determinados ritos (Lv 11-16) e se proteger para não contrair novas impurezas. O estado de impureza podia tornar-se culpável quando a pessoa agisse como se estivesse em estado de pureza (Lv 15,31; cf. Lv 11-16). Se

havia fidelidade a esses ritos as pessoas podiam se aproximar de Deus, mas se eram infiéis não podiam participar do culto a Deus.[8] Quanto maior fosse a proximidade da pessoa com o lugar sagrado, a morada de Deus, maior devia ser sua pureza e santidade. Ninguém podia ter acesso ao Santo dos Santos, a não ser o sumo sacerdote, e apenas uma vez por ano, no dia de Yom Kipur, dia da expiação dos pecados. Depois do sumo sacerdote, vinham os sacerdotes que entravam no Santo e ofereciam a Deus os dons e sacrifícios do povo. Em seguida, os levitas que cantavam e tocavam os instrumentos em louvor a Deus. Depois deles vinham os homens israelitas, as mulheres israelitas e por fim os pagãos. Essa hierarquia trazia consequências para as pessoas, sobretudo na vida social, porque as famílias eram classificadas em famílias legítimas e ilegítimas, com impurezas leves ou impurezas graves.

Famílias legítimas

As famílias legítimas eram as que conseguiam provar sua descendência legítima de pai e mãe. Este era um requisito necessário para os sacerdotes. Eles deviam provar a pureza e a legitimidade de sua origem. Ela era ciosamente buscada, porque dela dependia também a posição social dos descendentes e a

---

[8] A impureza é circunstancial e não tem nada a ver com pecado, que implica consciência e vontade de praticar o mal. A impureza nasce de uma transgressão legal e ritual, que torna uma pessoa, ou objeto, inadequada para o culto, seja ela sacerdote ou não. Mas quando essa prática leva a discriminações, divisões, relações conflitivas entre as pessoas, pode se tornar pecado.

Situação político-social no tempo de Jesus

garantia de participarem da salvação messiânica. Grande parte dos membros da aristocracia leiga e também os escribas e fariseus pertenciam ao grupo das famílias legítimas. As filhas dessas famílias podiam casar-se com os sacerdotes, porque preenchiam os dois requisitos: eram de descendência pura e possuíam bens.

Famílias ilegítimas com impureza leve

Pertenciam ao grupo das famílias ilegítimas e com impurezas leves: *os descendentes ilegítimos dos sacerdotes,* nascidos de esposas que não eram de origem pura ou que tivessem contraído alguma impureza; os *prosélitos,* que eram os convertidos ao judaísmo, tanto homens quanto mulheres. Para o homem o sinal externo de adesão ao judaísmo era a circuncisão e a observância da Lei de Moisés, e para a mulher havia o banho ritual e a observância de algumas leis; e, por fim, o *escravo pagão liberto,* o qual se encontrava em uma escala inferior ao prosélito, pois além de ter nascido pagão havia se tornado escravo. Tinha, por isso, contraído uma dupla mancha de impureza.

Famílias ilegítimas com impurezas graves

As pessoas que pertenciam ao grupo das famílias ilegítimas com impurezas graves eram normalmente excluídas da convivência de um israelita fiel às tradições religiosas e culturais. Pertenciam a essa categoria os *bastardos,* nascidos de uniões ilegítimas. Eles não tinham direito a nenhum cargo público nem a herança. Entre os ilegítimos por razões graves, encontravam-se também os escravos, os filhos de pais desconhecidos, samaritanos, eunucos e outros. Todos eles eram considerados impuros e marginalizados, apenas tolerados na sociedade e às vezes até odiados.

Algumas profissões também eram consideradas impuras, como as de tropeiro, condutor de camelos, marinheiro, cocheiro, pastor, feirante, médico, açougueiro. Entre os trabalhos tidos como repugnantes encontravam-se o ofício do recolhedor de pele de animais para o cortume, o trabalhador de cortume, do fundidor de cobre ou de ferro. Alguns ofícios não eram bem-vistos porque estavam relacionados com o trabalho feminino, como os de lavadeiro, vendedor ambulante, tintureiro, ou ainda relacionados com a fraude, como os de pastor, coletor de impostos ou publicano.

A doutrina do puro e impuro influenciava a vida do povo. Era uma forma seletiva da própria condição social em que as pessoas já estavam predestinadas a viver. A partir do grau de sua pureza ou impureza, tinham maior ou menor acesso à vida social e religiosa.

Roteiro para o estudo do tema

1. Oração inicial

Conforme a criatividade do grupo.

2. Mutirão da memória

Compor a síntese do conteúdo já lido por todos no subsídio. Caso as pessoas não tenham o subsídio, ficará a cargo do(a) líder expor a síntese.

Recurso visual

Cada participante pode colocar, no meio do grupo, os recortes de jornais e revistas que trouxe, de pessoas discriminadas e excluídas da nossa sociedade.

3. Partilha afetiva

Em grupos menores ou no plenário, dialogar:

- Alguma vez em nossa vida, nós nos sentimos desprezados, humilhados ou rejeitados por algum motivo?
- Você conhece alguma pessoa que vive marginalizada ou na exclusão?
- Como foi a conversa com a pessoa que na sua percepção é excluída? O que mais lhe chamou a atenção? Como podemos ajudar mais a essas pessoas?

4. Sintonia com a Bíblia

Ler Mc 1,40-45.

Jesus purifica um leproso que há muito tempo vivia banido da cidade e do Templo, por causa de sua impureza.

Diálogo de síntese

- Como nós, seguidores de Jesus, tratamos hoje as pessoas que a sociedade considera impuras?
- Como Jesus as trataria?

Lembrete: para a próxima reunião, providenciar revistas ilustradas.

4º tema
Instituições religiosas no tempo de Jesus

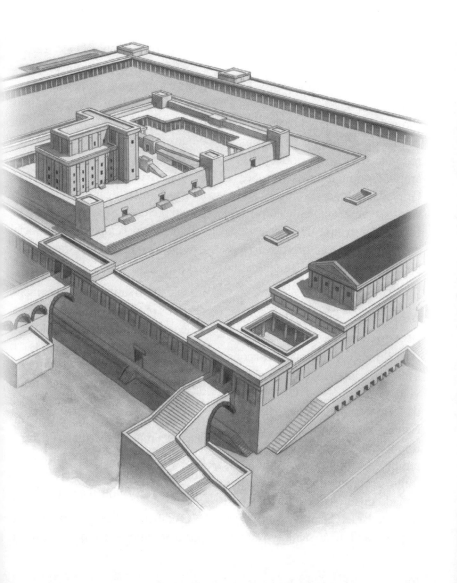

O Templo constituía o espaço sagrado de judeus e cristãos. Lugar de oração e encontro com Deus e a comunidade, era servido pelo sumo sacerdote, sacerdotes e levitas que intermediavam os sacrifícios e as ofertas a Deus.

O Templo

O Templo era o lugar, por excelência, da presença de Deus. Tinha uma função central na tradição religiosa do povo de Israel. Foi construído no tempo de Salomão, reconstruído no período persa e ampliado no tempo de Herodes, o Grande. Era lugar de oração, de ensino, mas servia também como uma espécie de banco da época, onde depositavam-se as ofertas a Deus pelos seus servidores, funcionando também como caixa forte.

As pedras que abrigavam a presença de Deus

O Templo de Jerusalém foi construído no tempo do rei Salomão, por volta do ano 960 a.E.C. No tempo da formação de Israel existiam, em Canaã, santuários cananeus; os mais importantes recebiam o nome de templo. Muitos desses santuários foram incorporados pelo javismo, ao lado dos demais santuários próprios de Israel. Dentre esses, talvez se possa atribuir ao santuário de Silo o caráter de templo (1Sm 1,3.24; 2,29.32), bem como a outros que se destacavam como santuários regionais, como o de Hebron. Contudo, o Templo de Jerusalém passou a ser o mais importante e, depois, com a reforma de Josias que destruiu os santuários de Judá e Samaria, tornou-se o único lugar de culto oficial para o povo de Israel. Foi grande a influência do Templo na vida social e religiosa do povo de Israel.

O autor do 1 Reis descreve detalhadamente o surgimento do Templo, desde os preparativos, a construção, a decoração interna, o Santo dos Santos, os querubins, as portas e o pátio (1Rs 5,15-6,37). O primeiro templo de Jerusalém foi destruído em 586 a.E.C. e reconstruído e reinaugurado em 515 a.E.C. Conservou a mesma estrutura do Templo de Salomão. Mais tarde, por volta do ano 19 a.E.C., Herodes, o Grande, reformou-o e o ampliou.

O edifício do Templo era formado por três partes principais: o *Ulam*, conhecido como vestíbulo; o *Hekal*, mais tarde chamado de Santo; e o *Debir*, que correspondia ao Santo dos Santos. Este último era o lugar sagrado, onde se encontrava a Arca da Aliança durante o tempo do primeiro templo. Compreende um período de quase 400 anos, isto é, de 960 a.E.C. a 587/6 a.E.C., aproximadamente. As dimensões do primeiro templo, segundo o 1 Reis (1Rs 6), eram de 30 metros de comprimento por 10 de largura e 7,50 de altura. A cobertura constituía-se de traves de cedro vindas de Tiro (1Rs 5,20). A decoração interna era rica, toda revestida de cedro, esculpida e decorada de alto a baixo. Na faixada externa havia duas colunas de bronze. A técnica era ainda primitiva, com pedras, ligadas por traves, dispostas de forma transversal e longitudinal (cf. 1Rs 6,10-36; 7,12).

Espaço do Templo: imagem da sociedade judaica

Todo o espaço do Templo era bem ocupado. A área do pátio externo era reservada aos pagãos. Nela ficavam instalados os comerciantes de bois, carneiros, cordeiros, pombos, óleo, farinha, incenso e de outros produtos necessários para o culto. Na mesma área ficavam também os cambistas, que trocavam as moedas que vinham de fora do país para a moeda local de Jerusalém. Os pagãos não podiam ultrapassar seu espaço sob pena de morte. Eram separados por um muro interno.

Subindo as escadarias tinha-se acesso ao Templo, por meio de quatro portões ao norte, quatro ao sul e mais um a leste. Eles davam acesso ao pátio das mulheres, depois ao dos homens e por fim ao dos sacerdotes, que já circundava o altar dos sacrifícios.

O *vestíbulo* ficava no pátio dos sacerdotes e dava acesso ao Santo, e este por sua vez ao Santo dos Santos.

O *Santo* tinha 15 metros de comprimento, 5 de largura e 5 de altura. No seu centro havia o altar dos perfumes ou do incenso,[1] a mesa dos pães da proposição[2] e o candelabro de sete braços.[3] Os pães da proposição eram colocados "diante da face do Senhor", em duas pilhas de seis e sobre elas

---

[1] O altar do incenso ficava em frente da cortina que separava o *Santo dos Santos*. Era feito de acácia revestido com ouro. Possuía duas argolas nas laterais para o seu transporte. O incenso era queimado de manhã e à tarde (Ex 30,1-10).

[2] Sobre essa mesa eram colocados 12 pães, que eram substituídos cada sábado. Representavam as 12 tribos de Israel. A mesa era revestida de ouro (Ex 25,23-30).

[3] O candelabro era uma peça única, toda em ouro. Pesava cerca de 30 kg, e era decorado com flores e botões semelhantes à flor da amendoeira (Ex 25,31-39).

um pouco de incenso (Lv 24,5-9). Inspirava-se numa tradição antiga que oferecia comida à divindade. Os pães inicialmente podiam ser consumidos pelos homens israelitas que estivessem em estado de pureza ritual (1Sm 21,5), mas, na tradição sacerdotal, eles foram reservados aos sacerdotes (Lv 24,9). Jesus defende o seu uso inicial mais livre e aberto, denunciando a rigidez da lei feita pelo grupo sacerdotal (Mt 12,1-8).

A Arca da Aliança era uma caixa portátil, feita em madeira de acácia. Tinha 1,20 metros por 0,75 centímetros de largura, e 0,75 centímetros de altura. Era coberta de ouro e possuía quatro argolas para facilitar o seu transporte. Dentro da arca estavam as tábuas dos dez mandamentos e um vaso de ouro contendo o maná e o bastão de Aarão. Era coberta por uma tampa de ouro maciço. Sobre ela havia dois querubins que a cobriam com suas asas. Ela era conduzida na caminhada do povo no tempo de Josué (Js 3,6). Davi a levou para Jerusalém (2Sm 6; Sl 132,8). Salomão colocou-a no Templo (1Rs 6,19; 8,21). Com a destruição do Templo em 587/6 a.E.C., ela desapareceu (Jr 3,16). A Arca era o sinal visível da presença de Deus (1Sm 6,20; 2Sm 6; 1Rs 8). Era o trono de Deus (1Sm 4,4; Is 66,1; Jr 3,16-17). Tinha grande poder (1Sm 5; 6,19).

O *Santo dos Santos*, até o ano 587 a.E.C., continha a Arca da Aliança. Na reinauguração do segundo templo, em 515 a.E.C., ela não foi reconstruída. O Santo dos Santos ficou totalmente vazio. Nele não havia porta, mas era fechado com uma cortina dupla, conhecida como "véu do Santuário" (Mc 15,38). Não era muito grande, media 20 côvados quadrados[4] (aproximadamente 9 m^2). Apenas o sumo sacerdote podia entrar nele uma vez por ano no Dia da Expiação, porque era o lugar sagrado onde se encontrava Deus, o único Santo.

Em três lados externos do Templo foi construído um edifício que não possuía comunicação com seu interior. Tinha três andares, não muito altos,[5] e nele havia a sala do Sinédrio, a dependência do sumo sacerdote, a sala do tesouro, o depósito de lenha, os reservatórios de água para as abluções e sacrifícios, e o depósito de vinho, óleo, perfumes e incenso destinados ao culto. (Cf. croqui n. 32.)

---

[4] Cf. VV.AA. *Dictionaire...*, cit., p. 899.

[5] O referencial para a reconstrução da tenda no deserto parece ter sido o Templo de Jerusalém. Compare a descrição do Templo (Ez 40-42) com a descrição da tenda (Ex 26-27; 36,8-38,31). Cf. MONLOUBOU, F. M.; DU BUIT, F. M. Tenda. In: *Dicionário bíblico...*, cit.

TEMPLO DE HERODES
Séc. I a.E.C

Pináculo do Templo

Pórtico Real

Pórtico de Salomão

Porta de Susa (atual Áurea)

Átrio das Mulheres Israelitas

Átrio dos Israelitas

Porta Bela

Átrio dos Sacerdotes

Piscina

SANTUÁRIO

Pórticos

Fortaleza Antônia

Pátio dos Gentios

Portas de Culda

Escadaria (arco de Robinson)

Muro de Separação entre Israelitas e Gentios

Ponte (arco de Wilson)

Planta Baixa

N

FONTE: RAVASI, G. *La Bibbia per la famiglia*. Milano, San Paolo, 1997, p. 128.

ARTE: Roberto Melo, 2001.

Visão global 11
A sabedoria nasce na resistência

Serviço de Animação Bíblica - SAB

32

© Pia Sociedade Filhas de São Paulo, 2001

Culto a Deus: fidelidade e manipulação

O culto a Deus era feito por meio da oferta de sacrifícios de animais e de produtos da terra. O ritual era acompanhado por sons de cantos e instrumentos, alternados com orações e salmos. O altar dos holocaustos era peça importante e sobre ele queimavam-se as vítimas dos sacrifícios, como cordeiros, touros, cabritos e outros animais. Ele não foi sempre do mesmo tamanho. No tempo de Salomão era pequeno, feito de bronze e portátil (1Rs 8,64s; Ex 27,1-7). Acaz, rei de Judá (736-716 a.E.C.), mandou construir um novo altar bem maior, segundo o modelo assírio (2Rs 16,10-18), e nele ofereceu um sacrifício e aspergiu o povo com o sangue da vítima. Esse altar foi destruído em 587/6 a.E.C. e reconstruído por Sasabassar, por volta de 535 a.E.C. Ele era quadrado, 2,50 por 2,50 metros e 1,50 metro de altura. O acesso a ele era feito por uma escada, e dava mais a impressão de ser um incinerador que um altar. O essencial do culto consistia em queimar animais inteiros ou algumas partes deles, como a gordura e as vísceras. Havia uma intensa fumaça, fuligem e muita poluição ambiental. Usava-se muito incenso cujo perfume atenuava um pouco o forte odor das carnes carbonizadas. A pele dos animais não era queimada, pois pertencia aos sacerdotes.

No Templo realizavam-se diariamente três tipos de sacrifícios:

Sacrifícios Perpétuos

Todos os dias imolavam-se dois cordeiros de um ano, um pela manhã e outro à tarde. Esse era considerado o sacrifício perpétuo que se oferecia ao Deus de Israel.

Os humilhantes sacrifícios oficiais

Diariamente Israel oferecia um sacrifício a Deus pelas intenções do imperador romano e não ao imperador, como eram obrigados os demais povos dominados. Não conhecemos o seu ritual.

Sacrifícios particulares ou pessoais

Os sacrifícios particulares eram oferecidos pelos fiéis na forma de promessa. Aconteciam com mais frequência na época das festas de peregrinação. Não se sabe quantos eram oferecidos por dia a Deus, porém deviam ser muitos pelo fato de Herodes, o Grande, ter ampliado a área do Templo. Sem dúvida devia ser para responder à crescente piedade popular. O livro dos Atos dos Apóstolos narra que Paulo e seus companheiros foram ao Templo de

Jerusalém para cumprir suas promessas e tiveram de esperar para poder oferecer o sacrifício (At 21,26).

Cada fiel devia levar os ingredientes para o sacrifício ou comprá-los no átrio do Templo: um animal, a farinha e o óleo. O judeu entrava no Templo com sua oferenda e seguia até o pátio dos sacerdotes, apresentava-se a um deles e este o conduzia até aos pés do altar e colocava a oferta sobre o altar, onde era queimada.

No Segundo Testamento, a vítima era imolada pelo sacerdote, exceto o cordeiro pascal que o próprio chefe de família imolava. O animal era esfolado e retalhado em partes, segundo as prescrições da lei. Orações e bênçãos acompanhavam esse ritual. A mulher e o incircunciso não podiam oferecer sacrifícios, mas podiam pedir a um judeu para fazer a oferta em seu nome. Não podiam acompanhar nem ajudar o sacerdote, pois lhes era vetado ultrapassar sua área respectiva.[6]

Sumo sacerdote: instituição pós-exílica

O sumo sacerdote surgiu depois do exílio, por volta do ano 530 a.E.C., quando já não existia mais rei em Israel. Pouco a pouco ele tornou-se a autoridade máxima na tradição judaica. As referências que nós encontramos a ele, nos livros do Levítico e dos Números, são mais recentes e não remontam ao período de Moisés, mas sim ao pós-exílio (Lv 21,10; Nm 35,25.28.32). Havia uma cerimônia especial para investir alguém no cargo de sumo sacerdote.

Investidura do sumo sacerdote: modelada na monarquia

O sumo sacerdote recebia a investidura em uma cerimônia especial que se desenvolvia em três atos: a purificação, a vestição e a unção, que são mencionadas na redação tardia sobre Aarão e seus filhos (Ex 29,4-7; Lv 8,6-12). Depois do rito de purificação com água, seguia-se o rito da vestição com a túnica, o manto, o efod[7] e o peitoral. Cobria-se a cabeça com um turbante, sobre o qual era fixado o sinal da consagração, e depois a ungia com óleo. O ritual da vestição e do turbante é mencionado na visão da consagração de Josué, o primeiro sumo sacerdote (Zc 3,1-9). Esse ritual pode até se referir a uma tradição

---

[6] SAULNIER, C.; ROLLAND, B. *A Palestina no tempo de Jesus*. São Paulo, Paulus, 1983. pp. 37-43.

[7] Era conhecida com o nome de *efod* uma vestimenta de linho usada pelos sacerdotes (cf. 2Sm 6,14). Esse nome designava também um objeto que servia como instrumento de adivinhação (cf. 1Sm 2,28; cf. também na Bíblia de Jerusalém texto e nota a 1Sm 14,41), que continha as sortes sagradas pelas quais se consultava ao Senhor (1Sm 14,18-41; 23,9s; 30,7-8). Depois do reinado de Davi essa prática caiu em desuso.

muito antiga em uso talvez entre os sacerdotes, mas não ao sumo sacerdote, que é uma figura posterior ao exílio. A investidura do sumo sacerdote traz as características da investidura do rei no período da monarquia em Israel, antes do exílio na Babilônia. Até então, só o rei era ungido para a missão de governar em nome do Senhor. Nem mesmo os profetas, os escolhidos e enviados por Deus, eram ungidos. De fato, o sumo sacerdote assumiu muitas prerrogativas atribuídas ao rei, antes de a monarquia desaparecer em Israel. Assim, ele tornou-se o chefe do povo e seu representante legítimo diante de Deus. Tinha também deveres a cumprir no Templo.

Sumo sacerdote: o direito de ver Deus de perto

O sumo sacerdote deveria oferecer diariamente o sacrifício no Templo (Ex 29,38); cumprir os ritos de expiação (Lv 6); vigiar sobre o Templo, as pessoas e o culto. Só ele podia entrar uma vez por ano no *Santo dos Santos*, lugar sagrado onde Deus se fazia presente no Templo de Jerusalém. Como só ele tinha contato com o sagrado, sua própria morte era considerada expiatória para todos os assassinos que tinham fugido diante da vingança de sangue. Nesse dia eles eram libertados e podiam voltar para suas casas e profissões.

Nos escritos judaicos foram-lhe acrescentadas outras obrigações litúrgicas, como: participar da cerimônia na qual era queimada a novilha vermelha (Nm 19,1-10); presidir as cerimônias religiosas aos sábados, nas três festas de peregrinação; e pagar o novilho imolado no grande Dia da Expiação, descrito no livro do Levítico (Lv 16,1-34).

Prescrições de pureza: hegemonia familiar

O sumo sacerdote devia seguir rigorosamente as prescrições de pureza. Assim, tinha de: pertencer ao número das famílias de descendência pura; casar-se com uma moça virgem, também ela de descendência pura (Lv 21,13-15); evitar o contato com cadáveres para não se contaminar (Nm 19,11-16; Lv 21,11); evitar caminhar imediatamente atrás do caixão do defunto, e não podia rasgar as suas vestes em sinal de luto; isolar-se no cômodo reservado para ele no Templo, durante sete dias antes da cerimônia de purificação, para evitar o contato com alguma mulher pela relação sexual ou durante o período menstrual. Caso houvesse contraído uma dessas impurezas, ficava impuro durante sete dias, o que o impossibilitava de presidir qualquer cerimônia religiosa. Mas nem sempre essas leis foram observadas, sobretudo no tempo de Herodes e dos Romanos, que constituíam e destituíam os sumos sacerdotes de suas funções sem mais nem menos. Contudo, apesar de todas essas obrigações, gozava de grandes privilégios que o cargo lhe conferia.

Privilégios do sumo sacerdote

O Templo constituía a fonte de renda do sumo sacerdote. Ele era o primeiro a escolher sua parte entre as ofertas feitas ao Templo e destinadas aos sacerdotes. A maior parte do comércio que se desenvolvia junto ao Templo pertencia à família do sumo sacerdote. Ele podia confiá-lo aos grandes comerciantes, que lhe ofereciam propinas para participar dos seus negócios lucrativos.

No Templo comercializavam-se os animais para os sacrifícios, a madeira de valor — para manter aceso o fogo e os perfumes, como o incenso — e os objetos de luxo. Muitas vezes o sumo sacerdote se apropriava indevidamente das peles dos animais e dos dízimos, que pertenciam aos sacerdotes. Tudo isso era muitas vezes conseguido por meio de brigas, chantagem e até assassinatos.

Na guarda do Templo, o sumo sacerdote tinha a ajuda dos chefes dos sacerdotes, que ocupavam o cargo de comandantes do Templo, de chefes das 24 seções semanais, dos sete vigilantes do Templo e de três tesoureiros. Estes últimos cuidavam das finanças do Templo: imóveis, grandes quantias monetárias e joias, da administração das taxas e das ofertas, dos depósitos particulares; da provisão de gêneros alimentícios e do que era necessário para o culto; da fiscalização da venda das aves e de outros gêneros para os sacrifícios; da conservação e reparação dos objetos de ouro e prata; e recebiam as taxas que deviam ser pagas no Templo (Ex 30,11-16; Nm 18,15) ou mesmo as ofertas voluntárias (2Rs 12,5).

A sala do tesouro ficava próxima ao pátio das mulheres. Diante dele ficava o pórtico onde Jesus normalmente ensinava (Jo 8,20). Dali, Jesus observou a pobre viúva que depositou, no tesouro do Templo, tudo o que possuía. Ele chamou a atenção dos discípulos e, desse fato, aproveitou para lhes dar um ensinamento (Mc 12,41-44).

Os sacerdotes

No início da história de Israel não havia a classe dos sacerdotes. Eram os patriarcas que ofereciam o culto a Deus, já com a posse da terra.

Quando a comunidade cresceu e começou a organizar-se em tribos, esse serviço foi pouco a pouco se centralizando no Templo e passou a ser exercido pela casta sacerdotal, que já existia nas tradições de outros povos, fora de Israel. A palavra sacerdote é de origem incerta, e pode significar "estar em pé". Nesse sentido, o sacerdote é aquele que está em pé, diante de Deus, em sinal de prontidão para servi-lo no seu povo (cf. Dt 10,8).

No Templo de Jerusalém havia 7 mil sacerdotes. Eram encarregados de oferecer os sacrifícios e de conservar limpa, e em ordem, a área reservada a eles no Templo. Não desempenhavam suas funções todos os dias, pois eram muitos. Estavam divididos em 24 classes sacerdotais. Oficiavam no Templo, aos sábados de manhã e à tarde, imolando o cordeiro para a realização dos sacrifícios públicos. Para esse sacrifício, eram necessários: um sacerdote para imolar a vítima, outro para aspergir o sangue, oito para oferecer o sacrifício e mais oito para renovar o incenso nas taças, sobre a mesa dos pães da proposição (Ex 25,23-30), e para a troca semanal dos doze pães (Lv 24,5-9). Responsabilizavam-se, portanto, pelos sacrifícios de holocausto e de reparação (Lv 4,1-5,12; 5,14-26; 6,1-7,38); pelos sacrifícios de comunhão; pelas ofertas de vegetais (Lv 2) e dos pães da proposição; e pelas ofertas de incenso (Ex 30,7-8).

O sacerdote declarava puro o leproso após a cura, antes ainda que fosse a Jerusalém. A pessoa recebia a confirmação da sua pureza depois de oferecer o sacrifício.

Por duas semanas, durante o ano, os sacerdotes eram escalonados no seu turno para oficiar as cerimônias no Templo. Todos compareciam nas três semanas das festas de peregrinação. Serviam no Templo durante cinco semanas ao ano. Recebiam o dízimo, mas não era suficiente, por isso exerciam outras profissões nos locais onde moravam, normalmente era um trabalho manual como carpinteiro, talhador de pedras, comerciante, açougueiro, criador de gado, escriba e outros. Estavam muito próximos do povo pela sua profissão e pelas condições de vida que levavam.

Levitas: os sacerdotes marginalizados

O nome levita vem de Levi, que, segundo a tradição bíblica, é um dos doze patriarcas das tribos de Israel. Os levitas se consideravam seus descendentes. O nome levita significa "apegar-se a alguém", "acompanhante" (Gn 29,34) ou "dado em penhor ao Senhor e seus serviços" (cf. Nm 3,12; 18,15s; 1Sm 1,28).

Dentre os levitas escolhiam-se aqueles que exerciam a função sacerdotal em Israel, embora nem todos os sacerdotes fossem de origem levita (Nm 35,2-8). Samuel, por exemplo, não era da tribo de Levi, mas sim sacerdote, pertencia à tribo de Efraim (1Sm 1,1) e servia a Deus no Templo de Silo (1Sm 1,3). Na ocupação da terra os levitas não receberam território próprio (Js 13,14), mas tinham o direito de ocupar algumas cidades conhecidas como cidades levíticas que serviam também de abrigo às pessoas ameaçadas de morte por algum crime cometido (Jz 17-19).

Em alguns textos do livro de Juízes, os levitas são considerados os mais indicados para a função sacerdotal (Jz 17,1-13; 18,1-31). Moisés pertencia à tribo de Levi (Ex 2,1). Eles tiveram o monopólio do sacerdócio até o século VIII a.E.C. (Dt 33,8-11). Mas à medida que alguns santuários começaram a se destacar, como os santuários de Betel e de Jerusalém, os santuários do interior foram sendo considerados de segunda categoria. Portanto, os sacerdotes que trabalhavam nos santuários centrais tinham mais prestígio e começaram a ser identificados como sacerdotes levitas, enquanto os sacerdotes dos santuários menores e do interior passaram a ser chamados apenas de levitas, em uma posição de inferioridade.

No livro do Deuteronômio há uma tentativa de nivelar os direitos entre os sacerdotes levitas e os levitas (Dt 18,6-7), mas outros textos confirmam a desigualdade que existia (Dt 12,11-12; 2Rs 23,9). A reforma de Josias agravou a situação dos levitas que atuavam nos santuários das províncias, pois muitos deles foram destruídos por falta de uma ortodoxia. No livro de Ezequiel essas diferenças são oficializadas (Ez 44,6-14). Os sacerdotes levitas serviam a Deus, enquanto os levitas estavam a serviço do Templo (Ez 44,11.15; 40,45-46). Mais tarde, o grupo da tradição sacerdotal elaborou leis que colocaram os levitas a serviço dos sacerdotes (Nm 3,6-9; 8,19; 18,1-7).

O autor do 1 e 2 Crônicas procura resgatar a importância dos levitas, conferindo-lhes tarefas especiais junto à Arca da Aliança (1Cr 15-16) e confiando-lhes alguns encargos (1Cr 23-26). Eles ocuparam os primeiros lugares na reforma de Ezequias e Josias (1Cr 23,28-29), a tal ponto que começaram a igualar-se aos sacerdotes e provocar neles descontentamento (Nm 16,8-11). Os levitas ensinavam (2Cr 17,8-9) por serem considerados inteligentes (2Cr 35,3). Eram em número superior aos sacerdotes (chegaram a 10 mil). Também estavam divididos em 24 classes, com cinco semanas anuais de serviço no Templo. Não tinham direito à participação nos sacrifícios, como os sacerdotes, nem à herança, mas só ao dízimo (Nm 18,8-32). Para sua manutenção e de suas famílias eram obrigados a exercer outras profissões.

No Templo havia duas classes de levitas: os *músicos* que animavam a liturgia com os cantos e os instrumentos. Eles deviam ter uma origem pura, sem mácula, como os sacerdotes. A outra classe constituía-se de levitas *porteiros* que guardavam o Templo e mantinham a ordem. Controlavam o acesso aos diferentes locais do santuário e garantiam o policiamento e a guarda. No Templo, os levitas ocupavam o espaço depois dos sacerdotes.

O cargo de sacerdote levita e o de levita obtinha-se por herança e não podia ser adquirido de outra forma. Por isso, era importante provar a pureza da descendência por meio das listas de genealogias conservadas nos arquivos do Templo e nos registros públicos, com a indicação da data de nascimento dos antepassados.

As listas eram continuamente atualizadas com os documentos antigos que se salvavam da destruição. A pureza ritual devia ser comprovada, seja por parte do homem, seja por parte da mulher. Caso a esposa de um sacerdote tivesse sido prisioneira de guerra, e permanecido em cativeiro, não podia mais ser considerada esposa legítima e os filhos que nascessem depois não podiam exercer as funções sacerdotais. A mesma pureza exigia-se dos levitas.

Os seguranças do Templo

Os guardas do Templo constituíam-se de três grupos: os *porteiros levitas*, que cuidavam das portas externas do Templo, os *guardas da muralha* e os *guardas do átrio* dos gentios e das mulheres.

Nos evangelhos encontramos diversas referências à segurança do

---

[8] Cf. Mc 14,43; Mt 26,47; Lc 22,47; Jo 18,3.12.

Templo submetida ao Sinédrio, que funcionava nesse lugar. Foi essa mesma segurança que deve ter tido participação na prisão de Jesus,[8] pois isso explicaria a surpresa e o questionamento quando os chefes da guarda do Templo (Lc 22,52) — que era formada pela polícia levítica (Mc 14,47) — vieram ao encontro dele. Além deles, o evangelista João acrescentou, também, a participação de soldados romanos nesse episódio (Jo 18,3.12).

João faz uma distinção entre os guardas do sumo sacerdote e os servidores da polícia levítica do Templo (Jo 18,18). As palavras de Jesus tornam-se compreensíveis caso ele tenha sido preso pela polícia do Templo: "Eu estive convosco no Templo, ensinando todos os dias, e não me prendestes [...]" (Mc 14,49).

No livro Atos dos Apóstolos encontram-se diversas referências aos "sacerdotes, o oficial do Templo e os saduceus" que prenderam os apóstolos (At 4,1) para fazê-los comparecer diante do Sinédrio (At 4,5; 5,17-18); que vigiavam os apóstolos na prisão (At 5,23-24); e que bateram neles (At 5,40). Paulo foi arrastado por eles para fora do Templo e levado para a Torre Antônia (At 21,30-40).

Roteiro para o estudo do tema

1. Oração inicial
Conforme a criatividade do grupo.

2. Mutirão da memória
Compor a síntese do conteúdo já lido por todos no subsídio. Caso as pessoas não tenham o subsídio, ficará a cargo do(a) líder expor a síntese.

Recursos visuais
Procurar nas revistas:
- Se há fotos de cidades, quais são as construções maiores e mais numerosas?
- Há propagandas de bancos? Quantas?
- Há alguma propaganda ou matéria sobre religião?

3. Partilha afetiva
Em grupos menores ou no plenário, dialogar:
- Nas cidades ou vilas em que nascemos, quais eram as construções mais importantes?
- Continuam sendo até hoje?
- Que lugar ocupava o prédio da igreja antigamente, e que lugar ocupa hoje nas grandes cidades?

4. Sintonia com a Bíblia
Ler Mc 11,15-18.

Jesus chega ao Templo durante a festa da Páscoa e fica indignado com a manipulação e exploração que ali se fazia.

Diálogo de síntese
Na Terra de Israel, o Templo era o centro de todos os aspectos da vida do povo. A religião era usada para justificar a exploração dos mais fracos.
- Hoje, em nossas cidades, quais são os prédios que mais representam a exploração?
- Há sinais hoje de uma religião usada para manipular?
- Há também sinais de uma fé libertadora?

Lembrete: para a próxima reunião, providenciar: a ampliação dos calendários judaico e cristão em cartolinas grandes. Trazer, se possível, os objetos e símbolos que são usados tanto na liturgia judaica como na cristã: vinho, água, óleo, luz, pão e a Bíblia.

5º tema
A fé no cotidiano da comunidade

Com a destruição do Templo no ano 70 da E.C., a sinagoga passou a ser o lugar, por excelência, de reunião da comunidade judaica. Lugar de oração, reflexão e estudo, não só da Torá, como também dos escritos de sua tradição religiosa. Na sinagoga são celebradas algumas festas que deram origem às festas cristãs, como a Páscoa e o Pentecostes.

Sinagoga: o ponto de encontro com a fé

A sinagoga provavelmente teria surgido na diáspora, período no qual os israelitas viviam dispersos em meio a outros povos, especialmente a partir da destruição do Templo e do exílio na Babilônia. Eles precisavam encontrar um lugar comum para celebrar a fé e oferecer seu culto a Deus.[1] Existem autores que cogitam a possibilidade de que as sinagogas originaram-se em "escolas religiosas", que já existiam no período pré-exílico, como consequência da reforma deuteronômica. Após a reconstrução e ativação do Templo, com Neemias e Esdras, foram-se multiplicando as sinagogas, que passaram a existir em quase todas as cidades em que viviam judeus. Contudo, o Templo continuava a ter seu lugar de destaque, pois em torno dele girava toda a vida religiosa, econômica, social e política de Jerusalém.

A veneração aos rolos da Bíblia

Havia mais ou menos um estilo padronizado na construção das sinagogas, normalmente representado por um edifício retangular orientado para o Templo de Jerusalém. O rolo da Lei e dos Profetas é o que há de mais precioso nelas ainda hoje. Eles são guardados cuidadosamente dentro de um armário chamado "Armário Santo". Ao lado ou em cima deste fica acesa uma lâmpada dia e noite, em sinal de respeito e veneração, como o sacrário para os cristãos católicos. Próximo ao armário há uma mesa para apoiar os rolos, onde eles são lidos, e o candelabro de sete braços.

Antigamente, no local da assembleia havia bancos de pedra próximos à parede e no centro ficava um

---

[1] Veja mais sobre sinagoga no volume "Deus também estava lá" (SAB, Visão Global, v. 8, desta coleção).

A fé no cotidiano da comunidade

espaço vazio, no qual provavelmente o povo se sentava no chão ou ficava em pé. No evangelho de Mateus, embora seja o único texto que traz essa informação, há uma alusão a cadeiras reservadas a pessoas importantes (Mt 23,6). As mulheres e crianças ficavam separadas dos homens por um balaústre de madeira. Em algumas sinagogas havia uma tribuna para elas.

O prédio servia de espaço para o culto do sábado e para a educação das crianças e dos jovens. Em algumas aldeias ele funcionava como escola. Nos centros maiores onde havia melhores condições financeiras, construíam-se salas menores ao redor da sala central. Pelas pesquisas arqueológicas em Jerusalém, foram encontradas ruínas da sinagoga dos alexandrinos com uma hospedaria e instalações de banhos. Tudo indica que serviam para acolher os peregrinos que vinham de Alexandria por ocasião das grandes festas de peregrinação. Normalmente, o edifício era construído pela comunidade e administrado por uma direção constituída pelos membros da associação.

No evangelho de Lucas, Jesus inicia seu ministério sem manifestar-se publicamente. Primeiro ele foi

batizado, tentado no deserto e, só depois, entra na sinagoga de Nazaré, onde, então, se pronuncia pela primeira vez, para ler em voz alta o texto do profeta Isaías (Is 61,1-2), no qual ele mesmo reconhece a realização dessa profecia e dá interpretação ao texto: "Hoje se cumpriu aos vossos ouvidos essa passagem da Escritura" (Lc 4,16-30).

A liturgia judaica

A palavra bênção, do hebraico *berakah*, pode ser traduzida também por admiração, louvor ou agradecimento. Ela expressa a riqueza e a profundidade do pensamento e da experiência religiosa do israelita diante de Deus e do mundo. Segundo ele, Deus é "a fonte" e a "norma" para o ser humano e o mundo. Ele cria o ser humano e o mundo e estabelece para "suas criaturas a sua modalidade de usufruto e de multiplicação". O ser humano, em relação a Deus e ao mundo, é intérprete e beneficiário sob o aspecto de "objeto de atenção divina e destinatário dos bens da terra". O mundo, em relação a Deus, é sacramento e dom, portanto, "sinal da benevolência de Deus e dom concreto".[2]

---

[2] DI SANTE, C. *Israel em oração*. Paulinas, São Paulo, 1989. p. 47.

Com a oração de bênção no culto da sinagoga e fora dela, o israelita reconhece Deus como origem e proprietário das coisas; o mundo, como dom, que deve ser aceito e compartilhado; os seres humanos, como irmãos, e com eles participa do único banquete da vida. Essa convicção é tão forte e profunda que também no Talmud babilônico lê-se que sem a bênção o mundo é destinado à ruína, e quem usa os bens deste mundo sem recitar uma bênção profana uma coisa santa; mais ainda, é como se estivesse roubando o dom que é de Deus.

O culto, na liturgia judaica, desenvolve-se em duas grandes partes: a parte litúrgica e a parte didática, ou seja, a oração e o ensino. Vamos conhecer melhor como era organizado e desenvolvido o culto litúrgico judaico no tempo de Jesus.

A) Parte litúrgica

Escuta Israel (Shemá Yisra'el)

O culto iniciava-se com a oração do *Shemá Israel*, "Escuta, Israel"! É o início da profissão de fé do povo. Ele é tirado do livro do Deuteronômio (Dt 6,4-9; 11,13-21) e do livro de Números (Nm 15,37-41).

Nessa oração, o povo judeu professa a sua fé no Deus UM, reafirmando sua fidelidade a ele. Essa oração era rezada duas vezes ao dia, de manhã e à tarde.

Na sinagoga, enquanto se rezava o *Shemá*, os judeus traziam presos na testa ou no braço os "filactérios" — pequenos estojos que continham versículos da Torá (Mt 23,5). O manto usado na cerimônia religiosa possuía longas franjas, as quais ficam presas às suas extremidades (Nm 15,38; Mt 9,20). Hoje, entre as famílias judias permanece o costume de fixar na porta central da entrada da casa a "mezuzá", um estojo de metal contendo, num rolinho, o texto do *Shemá*.

As dezenove bênçãos[3] (Tefillah)

São breves orações de bênção. Provavelmente, já eram recitadas no tempo de Jesus com seu conteúdo principal (2Mc 1,24-29).[4] Há dois tipos de Tefillah: uma é formada pelas 19 orações de bênção, recitadas nos dias comuns pela manhã, ao meio dia e à tarde. Outra, de 7 a 9 bênçãos, são recitadas nos sábados e dias de festa. As três primeiras são bênçãos de louvor e as três últimas de agradecimento. As

---

[3] Inicialmente o Talmud trazia 18 bênçãos, depois passou para 19, com a subdivisão da 14ª.

[4] Di Sante, C. *Israel...*, cit., p. 96.

A fé no cotidiano da comunidade

treze orações centrais apresentam a Deus as necessidades espirituais, materiais e sociais da vida cotidiana e as esperanças messiânicas. Elas são rezadas de modo cantado pelo Hasan (cantor) e a assembleia acompanha as orações e as confirma com o "Amém". Depois dessas orações passa-se à segunda parte.

B) Parte didática

Esta parte compreende a leitura e explicação das Escrituras. No tempo de Jesus e nas sinagogas atuais, ela só pode ser feita por homens maiores de idade. A explicação é dada igualmente para todos que participam do culto: crianças, mulheres e homens. Ela consiste na leitura e explicação de um texto da Torá e dos profetas.

Leitura de um texto da Torá (Qeri'at Torá)

Depois do *Shemá* e da oração das Bênçãos, faz-se a leitura de um trecho do Pentateuco (Torá). Ele é lido do original hebraico traduzido contemporaneamente para a língua falada no local onde se encontra a sinagoga. A tradução pode ser literal ou parafraseada, fazendo ligação com outros textos bíblicos. Depois, é lido um trecho dos profetas.

Leitura de um texto profético (Qeri'at NeViiM)

Antes ou depois da leitura do texto profético, todo judeu adulto podia fazer um comentário ao texto. Esse podia ser uma exaltação e glorificação do Deus Altíssimo ou uma reflexão teológica para a formação do povo, e no fim fazia-se o convite para se viver segundo a Torá. Com essa advertência encerrava-se o culto. No tempo de Jesus, o texto profético ainda não tinha sido fixado. Por isso, o leitor podia escolher o texto que quisesse. Jesus escolheu o texto de Isaías 61,1-2 (cf. Lc 4,18-19) e o interpretou.

Na sinagoga não se ofereciam sacrifícios de animais. O sacerdote que participasse do culto podia dirigir a primeira parte e dar a bênção no final. Quando não havia um sacerdote, esta era dada pelo presidente da assembleia. No tempo de Jesus, os escribas e fariseus animavam o culto nas sinagogas, pois gozavam de grande prestígio perante o povo. Hoje o rabino, o Hasan e, na falta destes, todo homem adulto pode presidir o culto nas sinagogas, e, nas mais liberais, também a mulher.

Festas judaicas: memória litúrgica da história

As três principais festas na tradição religiosa judaica são: a Páscoa

(*Pessach*), o Pentecostes (*Shavuot*) e as Tendas (*Sucot*), também conhecidas como Tabernáculos ou Cabanas. São festas de peregrinação.

O livro do Deuteronômio (16,16) convocava os homens a se apresentarem três vezes ao ano diante do Senhor, no lugar que ele havia escolhido, o Templo: na festa dos ázimos (Páscoa), na festa das semanas (Pentecostes) e na festa dos Tabernáculos (Tendas). Essas festas acompanham o ciclo da natureza.

Na primavera, os pastores nômades ofereciam a Deus os primogênitos dos seus rebanhos. Os camponeses, fixados à terra, ofereciam a Deus as primícias da colheita de cevada na festa dos pães ázimos. Com o passar do tempo, as duas festas fundiram-se em uma só, conhecida até hoje como festa da Páscoa. Nela se consumiam o cordeiro pascal e o pão ázimo.

Páscoa: sentido novo às tradições milenares

Com a fusão das duas festas (dos rebanhos e da cevada), a Páscoa foi assumindo um novo sentido. Passou de um significado exclusivamente pastoril e agrícola para uma dimensão histórica e salvífica. Isso aconteceu com as três festas de peregrinação. No decorrer dos séculos foram englobados acontecimentos históricos que são revividos nessa data.

A festa da Páscoa foi associada à lembrança da libertação da escravidão do Egito, e nela são celebrados, também, outros acontecimentos fundantes, como a criação do mundo, a realização da promessa de uma grande descendência para Abraão e a futura libertação messiânica. Muitos judeus, de todos os lugares, chegavam a Jerusalém para essa celebração. No tempo de Jesus, Jerusalém tinha uma população de 25 mil habitantes, mas, durante a festa, alcançava cerca de 180 mil. Todos os serviços se multiplicavam nessa época.

Ninguém ia sozinho para as festas, mas em caravanas. Normalmente iam a pé ou no lombo de um burro (Mc 11,1-10). O evangelho de Lucas fala da caravana da comunidade de Nazaré, da qual participaram Maria, José e Jesus (Lc 2,44). Devido ao grande número de pessoas, era difícil hospedar todos; então, a maioria dos peregrinos armava sua tenda ao redor da cidade e ficava acampada.

A movimentação era muito grande, de tal forma que nessa semana o procurador romano transferia sua residência de Cesareia Marítima para

A fé no cotidiano da comunidade

a torre Antônia em Jerusalém, de onde acompanhava o vaivém dos peregrinos no Templo e nas suas proximidades. Não fazia isso por uma motivação religiosa, mas para controlar a situação e intervir imediatamente nos possíveis motins ou rebeliões que poderiam surgir nessas ocasiões. Havia uma guarnição militar em Jerusalém e na Cesareia, onde se situava também a "corte itálica" (At 10,1; 22,28).

Nos escritos de Lucas encontramos referências a personalidades políticas ou diplomáticas que chegavam a Jerusalém por ocasião da Páscoa. Ele faz menção a Herodes Antipas (Lc 23,7) e a um oficial superintendente do tesouro da rainha da Etiópia (At 8,27), além do grande número de peregrinos (Sl 122). Apesar da quantidade enorme de pessoas e do movimento ao redor do Templo, o rito da Páscoa era seguido com fidelidade. Na tarde do dia 14 de Nissan, os chefes de família com seus filhos, suas esposas e outras pessoas convidadas iam ao átrio interno do Templo com um cordeiro, de um ano, sem defeito, para ser abatido e, depois, preparado em casa dentro das prescrições rituais (Ex 12,1-4).

Ritual dos preparativos da Páscoa

As pessoas se colocavam em fila diante dos sacerdotes para entregar-lhes o sangue do animal a fim de que eles o depositassem sobre o altar onde era queimado em sinal de oferta a Deus.

Depois de realizado esse ritual, a família e seus convidados voltavam para casa e preparavam o cordeiro, o pão ázimo e as ervas amargas para a ceia.

No Egito, a ceia pascal aconteceu às pressas (Ex 12,11), mas, no tempo de Jesus, ela era feita com muita tranquilidade, sem pressa e no estilo romano, com todos estirados sobre divãs ou almofadas, para viver a alegria da festa. Esse gesto simboliza que nessa noite todos nós somos reis e não mais escravos como no Egito. Nesse solene jantar, o vinho era a única bebida obrigatória. Quando a família era pobre e não podia comprar vinho, este era oferecido gratuitamente pelo Templo, na medida necessária para as quatro taças. O rito era presidido pelo pai de família ou por aquele que estivesse em seu lugar.

Ritual da ceia pascal

Com todos os elementos preparados, a Páscoa iniciava-se ao pôr do sol. Era normalmente presidida pelo chefe da casa nas três etapas que seguem:

Bênção sobre a primeira taça de vinho

O pai de família iniciava o rito da Páscoa dando a bênção sobre a primeira taça de vinho. Depois, era servido um aperitivo, formado por ervas amargas, e se preparava o segundo cálice que não era bebido ainda.

Em seguida, havia o diálogo entre o pai e o filho menor. Este, surpreso diante do acontecimento, perguntava: "Por que tudo isso? Em que esta noite é diferente das outras noites...? Por que nesta noite comemos pão sem fermento e ervas amargas? Em todas as outras noites comemos carne assada, cozida ou fervida e, nesta noite, só carne assada...?". O pai ia respondendo a cada uma das perguntas e explicando o sentido do rito e da ação de Deus na história do povo. Nessa noite, comiam o pão sem fermento porque tiveram de sair às pressas do Egito e não daria tempo para o pão crescer; as ervas amargas eram para recordar a vida amarga que eles viveram no Egito, e assim por diante. Todos os atos tinham seu significado. Por isso, agradeciam a Deus por tê-los conduzido da escravidão à liberdade, da tribulação para a alegria, da tristeza à festa, das trevas à luz. Todo esse ritual é mantido ainda hoje, com exceção do sacrifício do cordeiro, porque não existe mais o Templo.

Oração do Hallel, 1ª parte: salmos 113-114

Rezava-se o Hallel — oração de louvor — e, em seguida, bebia-se a segunda taça de vinho. Nesse momento começava a refeição da ceia pascal, introduzida pela oração da mesa feita pelo pai sobre o pão ázimo. Consumiam-se então o pão ázimo, o cordeiro e as ervas amargas.

Oração do Hallel, 2ª parte: salmos 115-118

A terceira taça era abençoada e bebida. Na conclusão de toda a celebração cantavam-se os salmos da segunda parte do Hallel (cf. Mc 14,26). Por fim, fazia-se a oração sobre a quarta taça de vinho, que era passada a todos, e se concluía o rito da ceia com a esperança de celebrar a próxima na Jerusalém reconstruída e em seu Templo.

As narrativas dos evangelhos sobre a última ceia de Jesus, com os discípulos, faz pensar que seu desenvolvimento tenha sido uma celebração pascal no estilo judaico (Mc 14,12-17.26).

Depois da destruição do Templo no ano 70 E.C., não foi mais possível imolar e preparar o cordeiro pascal. Mas continua a esperança de um dia o Templo ser reconstruído e a Páscoa ser celebrada com o cordeiro. Essa esperança encontra seu sentido no grito que fecha a festa da Páscoa: "O próximo ano em Jerusalém".[5]

Pentecostes: os presentes da terra para Deus

A festa de Pentecostes era celebrada 50 dias depois da Páscoa (Dt 16,9). Era a festa da apresentação das primícias dos frutos da terra, que eram levados ao Templo em agradecimento a Deus, porque o povo não tinha sofrido por causa das pragas, da miséria e da fome, mas vivido um ano de fartura. No livro do Êxodo a festa de Pentecostes é conhecida como a festa das colheitas (Ex 23,16) ou das semanas (Ex 34,22).

À festa de Pentecostes foi associada a fatos históricos como em 1Mc 4,36-59. Desde o primeiro século de nossa era, ela adquiriu um novo significado e foi celebrada como a festa da renovação da Aliança. Até hoje na tradição religiosa judaica celebra-se nesse dia o recebimento (Dom) da Lei no Sinai. Na tradição cristã, o livro de Atos dos Apóstolos situa no Pentecostes a vinda do Espírito Santo (At 2).

Tendas, Cabanas ou Tabernáculos

A festa das Tendas é celebrada no outono. É essencialmente uma festa agrícola, posteriormente associada a fatos históricos. Antigamente ela celebrava o fim da colheita. Fazia-se uma procissão ao redor do altar, agradecendo a Deus pela colheita e se oferecia água. O livro do Levítico associa essa festa com a caminhada do povo pelo deserto, habitando em tendas (Lv 23,43). O 1 Reis celebrava nessa festa a dedicação do Templo de Salomão, lugar da presença e da proteção divinas (1Rs 8,65-66).

Ainda hoje a família israelita é convidada a morar durante sete dias em tendas, para recordar a caminhada de Israel através do deserto.

Dia da Expiação

O Dia da Expiação era celebrado com jejum e orações, durante 24 horas. Celebrava-se essa festa penitencial também no outono, antes da festa das Tendas. O sumo sacerdote presidia a cerimônia. Nesse dia, ele entrava no *Santo dos Santos* para depor o turíbulo com o incenso e lançar contra a pedra, sobre a qual havia se apoiado a Arca da Aliança, o sangue do cordeiro oferecido em holocausto pelas próprias culpas e as culpas do povo. Ele oferecia um bode em

---

[5] Lohse, E. *Contexto e ambiente do Novo Testamento*. São Paulo, Paulinas, 2000. pp. 144-147.

expiação pelos seus pecados e um bode pela expiação dos pecados do povo. Depois de cumprido o rito, os bodes eram afugentados para o deserto carregando, simbolicamente, os pecados do sumo sacerdote e de todo o povo de Israel (Lv 16).

Depois do ano 70 E.C., o ritual da expiação não foi mais possível de ser realizado, mas transformou-se em um dia de confissão de pecados, jejum e orações, conhecido como *Yom Kipur*.

Na tradição cristã, a carta aos Hebreus faz uma releitura do rito, na qual não há mais um animal sacrificado pelos pecados do povo, mas o próprio Jesus se oferece ao Pai como a vítima por excelência, para a expiação dos pecados de toda a humanidade (Hb 9,12-14.19-20.28).

O calendário judaico e cristão

O calendário judaico é muito anterior ao calendário cristão ocidental. Ele conta os anos segundo a Tradição da Criação do mundo, e o calendário ocidental cristão conta os anos a partir do nascimento de Jesus Cristo. No ano 2000 do calendário ocidental cristão o judaico contava com 5.760 anos. É uma contagem simbólica, pois carrega em si um sentido universal, porque não está ligada a uma data histórica do povo de Israel. A maior parte dos povos conta os anos a partir de um personagem ou fato histórico próprio, como acontece com os cristãos, muçulmanos e outros.

Os judeus recordam também outros marcos históricos importantes de sua caminhada: estão há 3.312 anos do êxodo do Egito; há 3.004 anos da fundação da cidade de Jerusalém; há 2.138 anos da vitória dos Macabeus e há 1.932 anos da destruição do segundo Templo de Jerusalém, no ano 70 E.C.[6]

O ano civil judaico começa no mês de *Tishrê*, que corresponde a uma parte dos meses de setembro e outubro do calendário ocidental cristão. O calendário judaico é lunar. Chega a uma média de 354 dias, enquanto o solar chega a 365 dias ao ano. O calendário judaico também compreende 12 meses de 29 ou 30 dias. A semana começa com o domingo (primeiro dia da semana). O sétimo dia é o dia do repouso, o sábado (*Shabat*). A cada

---

[6] CAROLINSKI, I. L. *Preserve suas raízes*. Sociedade Ecológica Brasil-Israel, KKL, Unibanco Gráfica (5756), 1995-1996.

CALENDÁRIO JUDAICO-CRISTÃO

1 Calendário civil ocidental
2 Calendário civil judaico
3 Calendário agrícola judaico
4 Calendário religioso judaico
5 Calendário cristão ocidental

Estações

Hemisfério Sul (circ. 1 e 5)	Hemisfério Norte (circ. 2, 3 e 4)
Verão	Inverno
Outono	Primavera
Inverno	Verão
Primavera	Outono

FONTE: V.V.A.A. *Mundo da Bíblia*. São Paulo, Paulus, 1986. pp. 114-115.

ORGANIZAÇÃO: Romi Auth, fsp.

Visão global 12
O eterno entra na história

Serviço de Animação Bíblica - SAB

© Pia Sociedade Filhas de São Paulo, 2001

35

Calendário Judaico-Cristão

Jan 1º · Fev 2º · Mar 3º · Abr 4º · Mai 5º · Jun 6º · Jul 7º · Ago 8º · Set 9º · Out 10º · Nov 11º · Dez 12º

Tebét 4º · Shevat 5º · Adar 6º · Nissan 7º · Jyar 8º · Sivan 9º · Tamuz 10º · Ab 11º · Elul 12º · Tishrê 1º · Cheshvan 2º · Kislêv 3º

QUARESMA · TEMPO COMUM · NATAL · ADVENTO · TEMPO COMUM · PÁSCOA · PENTECOSTES

1º ADVENTO · 2º NATAL · 3º TEMPO COMUM · 4º QUARESMA · 5º PÁSCOA · 6º · 7º · 8º · 9º TEMPO COMUM · 10º · 11º · 12º TEMPO COMUM

CHANUCÁ (Luzes/Dedicação)
15 Tu Bishevat (Ano Novo - árvores)
12º PURIM (Sorte)
14 PESSAH (Páscoa)
6-7 SHAVUOT (Pentecostes)
15-21 SUCOT (Tendas)
10 YOM KIPUR (Dia da Expiação)
1-2 ROSH HASHANÁ (Ano Novo) (Lv 23,23-25)

Chuvas intensas (Esd 10,9)
Figos de inverno
Colheita de linho / chuvas tardias (Jr 3,3)
Colheita da Cevada (Rt 1,23)
Cultivo e tratamento das vinhas
1ªs uvas (Nm 13,20)
Frutas de verão
Colheita das azeitonas
Aradura
1ªs chuvas, semeadura de cereais

três anos, um mês de 30 dias é acrescentado para cobrir a lacuna e adequar as festas às suas estações. São, portanto, ao todo sete anos de 13 meses alternados com os 12 anos de 12 meses, no período de 19 anos. O 13º mês recebe o nome de *Adar II*, e cai em momentos diferentes no decorrer do ano, bem como no decorrer dos 19 anos.

Os dias dos meses no calendário judaico não correspondem aos meses do calendário ocidental cristão, embora a semana seja de sete dias. Não há dia fixo para iniciar-se o mês, porque o calendário é lunar. Ele inicia-se no primeiro dia da lua nova de cada mês. O *calendário agrícola* e o *calendário religioso*, na tradição judaica, são profundamente interligados. Ao considerarmos as festas principais, vamos considerar também sua relação com o calendário agrícola.

Este quadro nos oferece uma visão abrangente dos calendários judaico e cristão. O início do ano civil judaico é no mês de Tishrê (7) e no ocidental cristão em janeiro (1). O calendário religioso judaico inicia-se no mês de Nissan (1) e o calendário religioso ocidental cristão, em fins de novembro (11).

Síntese das festas do calendário judaico

Segue-se uma pequena síntese das festas principais e secundárias na tradição judaica, normalmente celebradas em cada mês ao longo do ano. Todas são profundamente impregnadas de sentido religioso. Celebram a vida da natureza e os fatos vividos na história do povo.

Tishrê (setembro/outubro)

1º - 2º dia — Início do ano civil ("Rosh Hashaná"): é o início do calendário civil judaico. Nesses dois dias é tocado o *Shofar* (isto é, berrante), com o intuito de, entre outras razões, despertar no povo o arrependimento pelos pecados. Os judeus creem que nesses dois dias o povo é julgado por Deus (Nm 10,10; 29,1-2).

10º dia — Dia da Expiação ("Yom Kipur"): esse dia é celebrado com jejum, preces e arrependimento, na confiança de serem inscritos e selados por Deus no Livro da Vida (Lv 16,20-22).

15º - 21º dia — Festa dos Tabernáculos, Tendas ou Cabanas ("Sucot"): o outono é a estação das festas das colheitas e das peregrinações dos antepassados pelo deserto. Ela começa no dia 15 e se prolonga por sete dias (Jz 21,19; Ne 8,14-16).

22º dia — Convocação do 8º dia ("Sheminí Atséret"): é uma festa independente da festa dos Tabernáculos. O motivo central da festa é a alegria, e nela começa-se a rezar pedindo chuvas.

23º dia — Regozijo da Torá ("Simchát ToRáH"): é celebrada no dia seguinte à *Sheminí Atséret*. Essa festa marca o fim e o início do ciclo anual da leitura da Torá. Ela é celebrada com danças e muita alegria e com a Torá.

Kislêv (novembro/dezembro)

25º dia — Festa da Dedicação ou das Luzes ("Chanucá"): (*lê-se hanucá*) essa festa comemora a vitória dos Macabeus sobre os inimigos Selêucidas que profanaram o Templo de Jerusalém (1Mc 4,52-59). Depois da sua purificação, o povo acendeu o candelabro de ouro (Menorá) com azeite puro, suficiente para um dia, mas milagrosamente ele permaneceu aceso por oito dias, até providenciarem novo azeite puro. Para recordar esse milagre, acende-se ainda hoje uma vela na noite do dia 25, e as demais nos oito dias sucessivos. Esse candelabro é formado por nove braços.

Tevêt (dezembro/janeiro)

10º dia — Dia do Jejum Público ("Yom Assará Betevet") (das 6 h às 18 h): essa festa lembra e lamenta o dia do cerco de Jerusalém por Nabucodonosor, que rompeu a muralha de Jerusalém e destruiu o Templo, em 587 a.E.C.

Shevat (janeiro/fevereiro)

15º dia — Ano-novo das Árvores (Tu Bishevat): nesse dia são plantadas árvores em Israel e consumidas frutas típicas, para evidenciar a ligação do povo judeu com sua terra.

Adar (fevereiro/março)

14º dia — Dia da Sorte ou do Destino ("Purim"): a festa celebra a vitória da rainha Ester e do seu primo Mardoqueu sobre Amã, ministro do rei da Pérsia, inimigo do povo de Israel. Essa festa está contida no livro bíblico de Ester. Ela é precedida por um jejum público (*Taanit Ester*) das 6 h às 18 h (Est 9,20-32).

Nissan (março/abril)

Início do calendário religioso judaico: nesse mês é celebrada a festa mais importante da tradição judaica, a Páscoa.

14º dia — Páscoa judaica ("Pessach"): nesse dia comemora-se a festa da libertação da escravidão do Egito. Nela, são lidos os relatos do êxodo e é comido o pão sem fermento (*Matsá*). A festa dura sete

Visão Global 12

dias em Israel e oito na diáspora (fora de Israel). O auge da festa é a sagrada ceia (*Sêder*) celebrada nos dois primeiros dias (Ex 12; Dt 16; Lv 23,4-8; Esd 6,19-22).

Sivan (maio/junho)

6° - 7° dia — Pentecostes: ("Shavuôt"): essa festa tem duplo sentido: agrícola e espiritual. Como festa agrícola, são os dias de oferecer as primícias do fruto da terra. E espiritual, porque lembra o dia em que a Torá foi dada por Deus ao povo de Israel no monte Sinai (Lv 23,15-16; Ex 34,1-5.22).

Tamuz (junho/julho)

17° dia — Dia do Jejum Público: ("Yom Shivá Assar Betamuz"): nesse dia são recordadas as cinco desgraças que aconteceram aos antepassados dos judeus:

1. destruição das tábuas da Lei: Ex 32,19;

2. abolição do sacrifício contínuo do Templo: 2Rs 25,9;

3. rompimento da muralha do segundo templo: 2Rs 25,10;

4. queima dos rolos da Lei pelo general Sírio;

5. introdução de ídolo pagão no Templo: 2Mc 6,2.

Av (julho/agosto)

9° dia — Luto pela destruição dos dois Templos ("Tishá Beav"): dia de jejum público e luto pela destruição do Templo de Jerusalém, em 587/6 a.E.C. e em 70 E.C. Renovação da esperança pela redenção e a reconstrução do terceiro templo.

Festas cristãs

O ano litúrgico do calendário religioso cristão se desenvolve em três ciclos principais: *o ciclo do Natal*, que compreende o tempo de preparação, o Advento, o Natal e a Epifania do Senhor Jesus; *o ciclo pascal*, que se inicia com um tempo de preparação, a Quaresma, o Tríduo (Paixão, Morte, Vigília) e a Ressurreição do Senhor Jesus. O tempo pascal vai até a festa de Pentecostes; o terceiro ciclo é o *do Tempo Comum*, que celebra as festas da Bem-aventurada Virgem Maria, dos Santos e culmina na festa de Cristo Rei, fim do ano litúrgico.

O ciclo do Natal

O ciclo do Natal, como vimos, compreende o Advento, o Natal e a Epifania. O tempo litúrgico do Advento é marcado pela esperança. O símbolo do *caminho* talvez seja o mais expressivo para representá-lo. Um caminho que vem de longe na releitura cristã, vem do Primeiro Testamento. Começou com Abraão, o pai do povo, passou pelos profetas (Is 40,3), foi preparado por João Batista (Lc 3,4-6), acolhido e seguido por Maria, chegou no seu apogeu em Jesus Cristo, e continua na Igreja até o fim dos tempos, quando se plenificará com a realização das promessas messiânicas: a paz, a justiça e a libertação de toda forma de escravidão.

O Natal e a Epifania são as festas do Deus conosco. A *luz* é o símbolo forte que marca essas duas festas. A luz natural caracterizada pela estrela e o sol, e a luz da fé que nos leva a acolher, no menino pequeno e frágil e na sua pregação e ação, o Messias Salvador.

O dia 25 de dezembro não é historicamente o dia do nascimento de Jesus Cristo. No século III E.C., difundiu-se no mundo greco-romano o culto ao sol. A principal festa desse culto era celebrada no solstício de inverno, no dia 25 de dezembro, porque representava a vitória anual do sol sobre as trevas. A Igreja Católica, para afastar seus fiéis dessas celebrações pagãs, com base em textos bíblicos (Lc 1,78; Ef 5,8-14), apresentou aos cristãos o verdadeiro sol, Jesus Cristo. Ele apareceu no mundo depois de uma longa noite de pecado. A festa do nascimento de Jesus, a partir de então, passou a ser celebrada no mesmo dia em que era comemorado o nascimento astronômico do sol, 25 de dezembro.

O ciclo pascal

O ciclo pascal compreende a Quaresma, a Páscoa e o Pentecostes. A Quaresma prepara a festa da Páscoa. O símbolo que melhor pode representar essa festa é a *semente* que morre para gerar vida (Jo 12,24). Assim como Jesus, que passa pela paixão e morte para chegar à ressurreição, a nova vida. Recorda, ao mesmo tempo, a experiência de morte e vida do povo de ontem e de hoje: da escravidão para a libertação; do Egito para a terra prometida. Experiência vivida por Jesus e por todos os cristãos abertos para assumir a paixão, morte e ressurreição do dia a dia, até a plenitude.

O Pentecostes é celebrado 50 dias após a Páscoa. É a festa da descida do Espírito Santo sobre Maria e os apóstolos, dando início à Igreja. O símbolo escolhido é o *fogo* que transforma, com seus dons, a Igreja e os fiéis.

A Páscoa era inicialmente a festa da primavera, celebrada pelos pastores nômades, que ofereciam a Deus a primícia do rebanho. Os camponeses a comemoravam com a oferta dos cereais a Deus. Mais tarde ela foi associada à Passagem do Senhor pelo Egito, como exterminador dos primogênitos, das casas que não estavam assinaladas com o sangue do cordeiro (Ex 12,23-27; Dt 16). A Páscoa judaica celebra hoje a memória da saída do Egito, como passagem da escravidão para a liberdade.

Nos evangelhos, os evangelistas projetaram a sua fé pascal sobre a festa da Páscoa judaica. Segundo eles, Jesus realizou nela a última ceia, na qual instituiu a eucaristia como memorial da nova e eterna aliança, que ratificou com o seu sangue, na Paixão, Morte, Ressurreição.[7]

O ciclo do Tempo Comum

O ciclo do Tempo Comum é celebrado em dois períodos: entre a Epifania e a Quaresma e entre a Festa de Pentecostes e o Advento. O primeiro período começa após o dia 6 de janeiro, festa da Epifania do Senhor, e vai até a terça-feira anterior à Quarta-feira de Cinzas, início da Quaresma. O segundo período do ciclo do Tempo Comum inicia-se na segunda-feira depois de Pentecostes e termina na véspera do 1º Domingo do Advento.

O ciclo do Tempo Comum compreende 34 semanas. Nesse ciclo não são celebrados aspectos particulares do mistério de Cristo. Contudo, a comunidade cristã é convidada a aprofundar, na fé, o mistério pascal na cotidianidade da vida e a traduzir em gestos as exigências morais da vida nova em Cristo.

---

[7] Mt 26,17-29; Mc 14,12-25; Lc 22,7-20.

Roteiro para o estudo do tema

1. Oração inicial
Conforme a criatividade do grupo.

2. Mutirão da memória
Compor a síntese do conteúdo já lido por todos no subsídio. Caso as pessoas não tenham o subsídio, ficará a cargo do(a) líder expor a síntese.

Recursos visuais
Os calendários judaico e cristão ampliados em uma cartolina grande, e os objetos e símbolos que aparecem na liturgia judaica e também na cristã, como a luz, o vinho, a Bíblia, o pão, o óleo, a água...

3. Partilha afetiva
Em grupos menores ou no plenário, dialogar:

- Como era o recinto da igreja ou da capela que frequentávamos na infância?
- Alguma coisa nesse local nos marcou mais profundamente?
- Quais eram as festas celebradas na comunidade durante nossa infância?
- Algum símbolo ou ritual nos marcou mais?

4. Sintonia com a Bíblia
Ler Lc 2,41-50.

A aldeia de Nazaré organiza a peregrinação para Jerusalém por ocasião da Páscoa. Jesus e seus pais estão presentes.

Diálogo de síntese
A liturgia judaica é a contemplação de Deus agindo na história passada e na presente.
De que forma a liturgia de nossas comunidades celebra nossa história e nossa vida presente?

Lembrete: para a próxima reunião, trazer figuras do casamento do tempo de Jesus e fotografias do próprio casamento ou do de familiares.

6º tema
A família no tempo de Jesus

N a tradição judaica e cristã, a família é um dom de Deus: "Sede fecundos, multiplicai-vos [...]" (Gn 1,28). Nela nasce, cresce e se desenvolve a vida humana, semente de uma nova sociedade.

A família patriarcal

A classificação das pessoas e famílias, segundo sua origem, constituía-se uma tradição muito forte em Israel. Era uma exigência tanto para o pai quanto para a mãe. Mas isso em nada afetava o modelo da família patriarcal, em vigor na época. O pai era o centro da família, tinha toda a autoridade e todos os membros da casa dependiam dele, inclusive os hóspedes.

A mulher: reservada ao recinto do lar

É muito difícil conhecer as reais condições da mulher judia no tempo de Jesus. Muitas informações que temos hoje chegaram até nós por meio dos escritos rabínicos. O lugar da mulher era em casa, onde devia cuidar dos filhos, da casa e do tear. Ao sair usava um véu cobrindo a face e guardando o anonimato. Suas conversas deviam ser breves, e não podia ser cumprimentada publicamente. Jamais exercia a função de juíza e de testemunha. Tinha o seu lugar reservado na sinagoga, mas caso não estivessem presentes dez homens adultos, não havia culto, mesmo que houvesse muitas mulheres. No Templo e na sinagoga ocupava um lugar separado dos homens. Não podia estudar nem ser discípula de algum rabino.

Ela tinha alguns direitos em relação ao marido que devia sustentá-la, dando-lhe o necessário para alimentação, vestuário, carinho e dinheiro para o seu gasto pessoal. Podia dar queixas ao tribunal, caso esses direitos não fossem respeitados. Se acontecesse de ela cair na escravidão, o marido tinha obrigação de resgatá-la. Se ficasse doente, tinha direito a tratamento. Não podia ser obrigada à prostituição.

Jesus rompeu com os tabus que a sociedade impôs à mulher. Seu relacionamento era de grande respeito e liberdade no contato com as mulheres. Os discípulos admiraram-se ao ver Jesus, sozinho, conversando com uma mulher, pois isso era inconcebível naquele tempo (Jo 4,27). A mulher não podia frequentar a escola, porém Jesus aceitou que um

A família no tempo de Jesus

grupo de mulheres o seguisse como discípulas (Lc 8,1-3). Elas tinham o direito de sentar-se a seus pés para ouvi-lo (Lc 10,38-42), mesmo que não lhes fosse permitido dar testemunho disso, pois este não seria válido. Jesus, no entanto, encarregou-as de testemunhar sua ressurreição aos discípulos (Lc 24,1-11; Mc 16,1-18); deixou-se tocar pela mulher hemorroíssa, superando os preconceitos da impureza legal (Lc 8,43-48); defendeu a igualdade de direitos e de respeito entre homem e mulher (Jo 8,1-11; Mt 5,28); e, por ser sensível à situação da mulher no seu tempo, devolveu-lhe o seu lugar na vida social.

Filhos: a bênção do Senhor ao povo

Nas Sagradas Escrituras, os filhos são considerados uma bênção de Deus. Eles são a garantia da continuidade das promessas de Deus feitas aos antepassados, portanto, sinal da perenidade da sua Aliança com o povo. Por isso, a mulher que não podia ter filhos era muito humilhada, e sinal de maldição. Quanto maior o número de filhos, maior a bênção de Deus.

O nascimento da criança acontecia em casa, com a ajuda de uma parteira. Os pais escolhiam o nome dos filhos (Lc 1,59-61). O menino era circuncidado ao oitavo dia, pelo pai ou por alguém treinado na prática da circuncisão (Lc 2,21). Todo menino primogênito pertencia a Deus (Ex 13,2) e devia ser resgatado (Ex 13,13) mediante o pagamento de cinco ciclos de prata, que corresponde a 57 gramas (Nm 18,15-16). Depois de 40 dias após o parto do menino e 80 da menina, a mãe devia passar pelo rito da purificação (Lv 12,2-7). Maria, como todas as mães, submeteu-se a esse rito (Lc 2,22).

Jesus passou pela experiência de ter sido criança. Na sua missão, diversas vezes foi rodeado por crianças. Ele as acolheu e as abençoou (Mc 10,14). Deu atenção a elas e deixou que viessem a seu encontro e o abraçassem. Em outros momentos reconheceu que elas eram instáveis e não sabiam o que queriam (Mt 11,16-17). Admirou nelas a simplicidade, espontaneidade e pureza, propondo-as como modelos do Reino de Deus (Mc 10,13-16).

A educação: primeira herança da família

A formação básica do menino e da menina era dada em casa pelos pais e na sinagoga. Em casa os filhos recebiam, desde pequenos, uma formação religiosa, participando das liturgias familiares em torno das refeições, do sábado e da Páscoa. A menina era educada pela mãe, e o menino também, mas só até os quatro anos de idade, porque depois a sua educação continuava por conta do pai. Na idade escolar, o menino frequentava a escola da sinagoga, onde aprendia a ler, a escrever e a observar as leis positivas e negativas da Torá. Já as meninas deviam aprender só as leis negativas da Torá e as que eram atribuídas à mulher, como dona de casa. O menino aos 12 anos tornava-se maior de idade, quando então deveria iniciar a observância dos mandamentos da Torá. Podia ler nas sinagogas e receber o nome de "filho do mandamento". Nessa idade começava a dedicar-se ao trabalho. Normalmente aprendia a profissão do pai (Mt 13,55) ou era confiado a alguém que lhe ensinasse uma profissão.

Mesmo Jesus, segundo a tradição cristã, teria aprendido de José a profissão de carpinteiro. Certamente, ele a teria exercido antes de começar a missão de anunciar publicamente o Reino de Deus. Paulo também aprendeu de seu pai a profissão de fabricante de tendas, e a exercia para manter-se enquanto anunciava a Boa-Nova de Jesus (At 18,3).

A participação das meninas e das mulheres na sinagoga possibilitava-lhes obter maiores conhecimentos pelas explicações dadas durante o culto. E o método que usavam para aprender era pela repetição, memorização, por perguntas e respostas. O texto base era a Sagrada Escritura. Por meio dela aprendiam as demais disciplinas como a geografia, as ciências e os cálculos, de acordo com os textos que eram utilizados.

Formação superior, privilégio de poucos

No tempo de Jesus não havia faculdades como as de hoje, mas havia duas escolas famosas: a escola do rabino Hillel e a escola do rabino Shammai. A primeira era mais liberal que a segunda. Não há registros de que Jesus tenha frequentado uma dessas escolas. Segundo o Livro dos Atos, Paulo teria estudado aos pés do rabino Gamaliel (At 22,3), provável discípulo de Hillel.

Na formação superior, os jovens estudavam: a *Torá*, a Lei de Deus contida nos cinco primeiros livros da Bíblia; as *Tradições dos Antigos, a MiSHNaH*, que compreendiam a parte das leis conhecida como Halaká (ela ensinava como caminhar segundo a Lei de Deus) e a parte das narrativas bíblicas, conhecidas como Hagadá (ensinava a reler a própria vida à luz das histórias bíblicas); e por fim, a *Interpretação da Bíblia* conhecida como *MiDraSH*. Era o jeito de buscar um sentido mais profundo do texto para aplicar na vida.

Jesus teve a formação básica na família, no culto e na escola ligada à sinagoga, mas não frequentou a escola superior como Paulo. Embora não tivesse sido discípulo de mestres famosos, foi chamado e reconhecido como Mestre e Rabi. Foi muito respeitado e admirado pelos demais mestres do seu tempo. Como eles, Jesus também tinha seus discípulos. Ele escolheu pessoas simples e humildes entre os pescadores (Mc 1,16-20), os publicanos (Mc 2,13-14) e os zelotas (Mc 3,18-19). Eram pobres, exceto Mateus, e viviam do próprio trabalho (Lc 5,1-11). Todos viviam na Galileia (Mc 14,70). O fato de desconhecerem certas observâncias da Torá — não jejuarem (Mc 2,18), não observarem certas regras com relação ao sábado (Mc 2,23) e comerem com as mãos sujas (Mc 7,2) — pode confirmar a origem simples deles.

dade para o casamento

A idade ideal para o casamento dos meninos era entre 16 e 22 anos. Enquanto as meninas aos 12 anos atingiam a idade para serem dadas em casamento. Até essa idade, o pai podia entregar a filha a um noivo que ele tivesse escolhido, porém, depois dessa data ela podia livremente aceitar ou não os projetos do pai e declarar sua vontade: "Considero-me como vendida em escravidão, e, portanto, me liberto hoje"; e ela se tornava, de fato, livre.

Era costume o pai da moça procurar um noivo para a filha entre seus parentes. Isso favorecia aos jovens que já se conheciam e, de certa forma, mantinha a linhagem e evitava a divisão dos bens da família. Segundo uma lei dos rabinos, era proibido o casamento entre dois jovens que nunca se tivessem encontrado antes. O fato de se escolher um noivo entre os próprios parentes já diminuía esse risco.

Noivado: um compromisso familiar

O noivado já tinha um valor jurídico para os jovens e suas famílias. Havia nele um contrato de matrimônio firmado entre os pais dos noivos, o que não se conhece entre os noivados ocidentais. Esse contrato contemplava a divisão das despesas da festa de casamento, expressava a aquisição da noiva pelo noivo e estabelecia o *mohar* (sem tradução precisa), quantia que a família do noivo devia pagar à família da noiva. Estabelecia também o dote da noiva, que ela passaria a possuir como bens próprios. Dependendo das condições da família da noiva, esse dote compreendia bens de raiz, cujo usufruto seria do marido, e bens em moeda que se tornavam propriedade do marido. O contrato de casamento estabelecia, ainda, os bens e a quantia que seriam devolvidos à mulher em caso de separação ou morte do marido. A "carta de divórcio" do marido para a esposa devia ser constrangedora, porque ele estaria renunciando ao usufruto dos bens da esposa e devia devolver a parte dos bens dos quais já havia se apropriado.

Caso o pai da jovem fosse falecido, eram os irmãos que se responsabilizavam por ela e deveriam negociar o casamento. No caso de o pai ser pobre ou ter morrido na indigência, os irmãos, não tendo herança a receber, deviam trabalhar para constituir o dote para as irmãs.

Os bens que as filhas recebiam do pai eram apenas sob a forma de dote, não tendo elas direito à herança. Assim, só recebiam bens se casassem, enquanto os filhos homens receberiam os bens de herança do pai, no caso de sua morte.

O noivado comprometia os dois jovens a viverem na fidelidade recíproca, como se fossem casados. Mas, cada qual permanecia em sua própria família, normalmente sem relação sexual. Quando esta acontecia, os noivos não eram vistos com bons olhos. Os vínculos contraídos com o noivado já eram tão sérios que somente uma carta de divórcio podia dissolvê-los e, ainda, cada qual arcava com todas as consequências jurídicas que esse ato implicava. O tempo do noivado durava geralmente um ano para dar condições à jovem de se desenvolver fisicamente para assumir a maternidade. O dia do casamento era marcado com uma grande festa para as duas famílias, parentes e vizinhos. O clima de festa expressava-se por meio de danças, cantos, comes e bebes. O noivo ia buscar a noiva na casa dos pais e a conduzia, geralmente, à casa dos pais dele. Esse era o último dia em que a jovem ficava sem véu na cabeça. Não havia uma cerimônia especial, a não ser uma bênção pronunciada sobre o casal pelo pai da moça. A bênção verdadeira vinha com os filhos que nasceriam dessa união.

Matrimônio: o mandamento do Senhor

O matrimônio era considerado uma instituição divina — "crescei e multiplicai-vos" —, por isso, o maior sacramento era a união do homem e da mulher. Essa era abençoada por Deus desde o início (Gn 1,28). Na noite das núpcias, a jovem, sobretudo devia ter consciência de ter guardado a virgindade para o noivo. Caso contrário, ele podia difamá-la e devolvê-la aos pais (cf. Dt 22,13-21). Mateus relata uma experiência semelhante em relação a Maria. Durante o seu noivado, antes de coabitar com José, ela ficou grávida. José pensou em deixá-la, mas avisado em sonhos, por um anjo, que ela havia concebido por obra do Espírito Santo, ele resolveu assumi-la como sua esposa (Mt 1,18-21). A condição da jovem em família era de dependência do pai e dos irmãos, e depois de casada, do marido. Só a viuvez ou o divórcio podia restituir-lhe plena liberdade. A partir de então, ela podia responder pela sua vida e pelos seus bens, ou podia contrair um segundo matrimônio. Caso ela fosse pobre e não tivesse bens, normalmente vivia na miséria. Muitas, para sobreviver, abandonavam o véu e caíam na prostituição. Nessa situação ela era desprezada e marginalizada pela sociedade, mas não por Jesus, que via nela um ser humano digno de compaixão e amor (Lc 7,36-50; Mt 21,31-32).

Divórcio: uma prática polêmica

O divórcio era um assunto muito discutido no tempo de Jesus, sobretudo pelas duas escolas famosas da época: a escola do rabino Hillel e a do rabino Shammai. Havia muita rivalidade entre as duas na forma de interpretar o texto do livro do Deuteronômio, sobre a "carta de divórcio" que o marido podia dar à mulher, "porque encontrou nela algo de inconveniente" (Dt 24,1). Para a escola de Hillel, por sinal mais liberal, o "inconveniente" podia ser qualquer razão fútil, como o fato de deixar queimar a comida. Enquanto na escola do rabino Shammai, embora mais rigorosa, o "inconveniente" devia ser um motivo muito sério como "a má conduta ou adultério".[1] Jesus, interrogado sobre a lei do divórcio, opõe-se a ela, porque invalidava a união conjugal, obra do Criador (Mt 19,1-9). Jesus defendia a monogamia do homem e da mulher sem referir-se a exceções, conforme aparece nos evangelhos de Marcos (Mc 10,11) e de Lucas (Lc 16,18), mas em Mt 5,32 é admitida a exceção "em caso de fornicação".[2]

No Evangelho e nas cartas de Paulo encontramos referências sobre a

---

Saulnier C.; Rolland, B. *A Palestina*..., cit., pp. 54-73.

[2] Fornicação vem do latim e significa prostituição. São uniões ilícitas descritas em Lv 18,6-23 e muitas são contra a natureza. (cf. Mt 19,9).

igualdade entre o homem e a mulher (Gl 3,28). Jesus questiona a desigualdade de direitos (Jo 8,1-11). Só o homem podia dar carta de divórcio à esposa e escolher outra. Jesus anula esse direito, porque ele é visto como um mal, tanto para o homem quanto para a mulher. Agindo desse modo, Jesus devolve a dignidade à mulher, e apresenta o casamento vivido na igualdade de direitos e no amor como um sinal do Reino já presente (Mt 19,1-9).

Conclusão

No estudo realizado, vimos um pouco a situação em que viviam Jesus e o povo: a realidade econômica, social, política, religiosa e familiar do seu tempo. Não temos nesse período nenhum escrito bíblico do Segundo Testamento. Assim como o Primeiro Testamento, também ele foi-se formando aos poucos. Os primeiros escritos foram as cartas de Paulo às comunidades. As tradições orais sobre Jesus que corriam de comunidade em comunidade começaram a se transformar em pequenas listas de narrativas de milagres, de parábolas, de palavras de Jesus, até que Marcos, Lucas, Mateus e João começaram a organizar os seus evangelhos. O Segundo Testamento levou em torno de cem anos para ser completado, enquanto o Primeiro Testamento levou mais de mil anos. Os textos que chegaram até nós do Segundo Testamento são os que foram usados na liturgia e na catequese. Existe uma infinidade de narrativas que não entrou no cânone. São conhecidos como textos apócrifos.

No tempo de Jesus não havia gravador, papel, muito menos filmadora para registrar os acontecimentos, como há hoje. O jeito era gravar na memória o que Jesus falava, ensinava e fazia. Foi o que aconteceu. Depois de um certo tempo, os discípulos remanescentes dentre aqueles que tinham vivido com Jesus, ouvido suas pregações e presenciado seus milagres, começaram a registrar suas memórias ordenadamente por escrito. Foi daí que nasceram os evangelhos e os demais escritos do Segundo Testamento.

Lucas mostra que muitos tentaram escrever sobre Jesus: "Visto que muitos já tentaram compor uma narração dos fatos que se cumpriram entre nós — conforme no-los transmitiram os que, desde o princípio, foram testemunhas oculares e ministros da Palavra — a mim também pareceu conveniente

A família no tempo de Jesus

pós acurada investigação de tudo desde o princípio, escrever-te de modo ordenado, ilustre Teófilo, para que verifiques a solidez dos ensinamentos que recebeste" (Lc 1,1-4). Graças a esse esforço de Lucas, a sua comunidade e dos demais autores do Segundo Testamento, hoje podemos ter acesso à riqueza da mensagem de Jesus, e ao modo como as comunidades cristãs a assimilaram, entenderam e viveram.

Jesus não deixou escrita sua pregação. O evangelho de João narra que Jesus escreveu apenas uma vez, "inclinando-se, escrevia na terra com o dedo" (Jo 8,6). O que ele escreveu não nos foi revelado. Ninguém sabe. Tudo o que nós sabemos dele vem dos seus discípulos e dos apóstolos, suas testemunhas oculares. Mas Lucas e Marcos não foram testemunhas oculares de Jesus. Eles serviram-se do testemunho das pessoas e de escritos parciais já existentes e nos deixaram dois evangelhos, cada qual com sua riqueza inesgotável.

Jesus mandou pregar o Evangelho: "Ide, portanto, e fazei que todas as nações se tornem discípulos" (Mt 28,19). É da sua vontade que essa mensagem salvífica chegue a todas as pessoas, de todos os tempos e lugares. Os apóstolos e discípulos obedeceram a essa ordem de Jesus. Eles começaram logo a pregar o Evangelho, mas não se puseram a escrevê-lo. A escrita surgiu bem mais tarde, como veremos adiante.

O núcleo central da pregação dos discípulos foi a Paixão, Morte, Ressurreição e Ascensão de Jesus ao céu. É o primeiro anúncio sobre Jesus, conhecido como *querigma*. As comunidades cristãs se reuniam para a pregação dos apóstolos, para a "fração do pão e as orações" (At 2,42; 20,7-11). A comunidade de Jerusalém exercia um papel de orientação sobre as demais comunidades da diáspora (Gl 2,1-2). Só mais tarde, por volta dos anos 50 E.C., é que começaram a surgir as cartas de Paulo, primeiros escritos do Segundo Testamento, embora a maior parte destes não traga o nome do autor nem a data da sua redação. No tema do próximo estudo, vamos conhecer por meio dos escritos o que as comunidades cristãs conservaram da pregação e da ação de Jesus.

Roteiro para o estudo do tema

1. Oração inicial
Conforme a criatividade do grupo.

2. Mutirão da memória
Compor a síntese do conteúdo já lido por todos no subsídio. Caso a pessoas não tenham o subsídio, ficará a cargo do(a) líder expor a síntese

Recursos visuais
Apresentar ao grupo as figuras e fotografias trazidas para esta reuniã

3. Partilha afetiva
Em grupos menores ou no plenário, dialogar:

- Quais eram os costumes matrimoniais no tempo de nossos antepas sados?
- E o casamento dos tempos atuais?
- Como os jovens hoje encaram o amor e a vida conjugal?
- O casamento pode ser visto como a aliança de Deus e do seu povo Explique.

4. Sintonia com a Bíblia
Ler Mt 1,18-25 e Jo 2,1-10.

O noivado e o matrimônio de Maria e José e o relato das bodas o Caná retratam os costumes judaicos daquele tempo.

Diálogo de síntese
- Quais os valores humanos e da fé que aparecem nessas duas narr tivas bíblicas?
- As famílias hoje cultivam de algum modo esses valores?

Subsídios de apoio

Bibliografia utilizada

BALANCIN, E. M. *História do povo de Deus.* São Paulo, Paulus, 1990, pp.134-164.

COELHO, A. C. *Encontros marcados com Deus*: expressão da unidade do povo de Deus. São Paulo, Paulinas, 1999.

EPHRAÏM. *Jesus, judeu praticante.* São Paulo, Paulinas, 1998.

GAZZOTTI, E. *Jesus, quem é você?* São Paulo, Paulinas, 1999.

LAURENTIN, R. *Vida autêntica de Jesus Cristo.* T. 1-2, São Paulo, Paulinas, 2002.

PERROT, C. *Jesus.* São Paulo, Paulinas, 2001.

RUBIO, A. G. *O encontro com Jesus Cristo vivo.* São Paulo, Paulinas, 1994.

SÁNCHEZ, T. P. *Os tempos de Jesus.* São Paulo, Paulinas, 1992.

SERRANO, V. *A Páscoa de Jesus em seu tempo e hoje*: apêndice com a Hagadá de Pessach. São Paulo, Paulinas, 1998.

SICRE, J. L. *O Quadrante, II — A aposta*: o mundo de Jesus. São Paulo, Paulinas, 2000.

TOURMOND, R. *Procurais o Jesus histórico?* São Paulo, Loyola, 1998.

Bibliografia de apoio

ARAÚJO L. G., *História da Festa Judaica das Tendas*, São Paulo, Paulinas. 2011.

RUTH, Romi; DUQUE, Maria Aparecida. *O estudo da Bíblia em dinâmicas: aprofundamento da Visão Global da Bíblia.* São Paulo, Paulinas, 2011. pp. 222-231.

MAISONNEUVE, Dominique de La; AVRIL, Anne-Catherien. *As festas judaicas.* 2. ed. São Paulo, Paulus, 2005. (Coleção documentos do mundo da bíblia 11.)

SANTE, Carmine di. *Liturgia judaica*: fontes, estrutura, orações e festas. 2. ed. São Paulo: Paulus, 2010.

SAULNIER, Christiane e ROLLAND, Bernard. *A palestina no tempo de Jesus*. 8. ed. São Paulo, Paulus, 1983. (Coleção cadernos bíblicos.)

Recursos visuais

BRONSTONS, S. *O Rei dos Reis*. Metro – Gordwyn – Mayer.

CASTELLANIA; CAPPELLARO, G. *Nos passos de Jesus*, v. 1-5. São Paulo, Paulinas Vídeo, 2000.

CASTRO, J. F. M. *Transparências de mapas e temas bíblicos para retro projetor*. São Paulo, Paulinas, 2001.

DELLANNOY, J. *Maria de Nazaré*. Top Tape.

VV.AA. *Jesus, a maior história de todos os tempos*. Beta Film.

ZEFFIRELLI, F. *Jesus de Nazaré*, v. 1-2 (dublado). Top Tape.

Sumário

APRESENTAÇÃO 5

METODOLOGIA 7
Motivação 7
Sintonia integral com a Bíblia 7
Pressupostos da metodologia integral 8
Recursos metodológicos 9
Roteiro para o estudo dos temas 10
Cursos de capacitação de agentes para a pastoral bíblica 10

INTRODUÇÃO 11

1º TEMA – O POVO ANSEIA PELO MESSIAS 13
Retomando o caminho feito 14
Cumpriu-se o tempo! 14
A fé messiânica 15
Antônio Conselheiro: terra e vida para os pobres 17
O profetismo de Antônio Conselheiro 17
Semente que morre gera vida 19
A expectativa messiânica do povo no tempo de Jesus 19
Roteiro para o estudo do tema 21

2º TEMA – A TERRA DE ISRAEL NO TEMPO DE JESUS 23
Situação econômica 24
A propriedade em Israel 24
Agricultura: rosas para o Senhor 25
Pecuária: um sentido sagrado 26
Pesca: a bênção da água 26
Indústria: retrato de uma cultura 26
Comércio: luzes e sombras do cotidiano 27
Vias marítimas: progresso e submissão 28
Vias terrestres: perigos e soluções 28
Moeda: o peso da mão dominadora 28
Custo de vida: sacrifício e exploração 30
Imposto: o jugo de Roma sobre o povo 30
Impostos religiosos: as sombras da fé judaica 31
Roteiro para o estudo do tema 34

3º TEMA – SITUAÇÃO POLÍTICO-SOCIAL NO TEMPO DE JESUS 3

Ricos: os donos do poder 3
Remediados: necessários à estrutura religiosa 3
Pobres: os mais próximos a Jesus 3
Escravidão: um limite da Torá 4
Miseráveis: os indesejáveis da sociedade 4
O poder político-religioso na Judeia 4
Roteiro para o estudo do tema 4

4º TEMA – INSTITUIÇÕES RELIGIOSAS NO TEMPO DE JESUS 4

O Templo 5
Culto a Deus: fidelidade e manipulação 5
Sumo sacerdote: instituição pós-exílica 5
Os sacerdotes 5
Levitas: os sacerdotes marginalizados 5
Os seguranças do Templo 6
Roteiro para o estudo do tema 6

5º TEMA – A FÉ NO COTIDIANO DA COMUNIDADE 6

Sinagoga: o ponto de encontro com a fé 6
A liturgia judaica 6
Festas judaicas: memória litúrgica da história 6
Páscoa: sentido novo às tradições milenares 6
Pentecostes: os presentes da terra para Deus ....
Tendas, Cabanas ou Tabernáculos ....
Dia da Expiação ....
O calendário judaico e cristão ....
Síntese das festas do calendário judaico ....
Festas cristãs ....
Roteiro para o estudo do tema ....

6º TEMA – A FAMÍLIA NO TEMPO DE JESUS ....

A família patriarcal ....
Conclusão ....
Roteiro para o estudo do tema ....

SUBSÍDIOS DE APOIO ....

Rua Dona Inácia Uchoa, 62
04110-020 – São Paulo – SP (Brasil)
Tel.: (11) 2125-3500
http://www.paulinas.com.br – editora@paulinas.com.br
Telemarketing e SAC: 0800-7010081